EXCEL
para CONTADORES, PERITOS e PROFISSIONAIS DE FINANÇAS

ANDERSON FUMAUX

EXCEL
para CONTADORES, PERITOS e PROFISSIONAIS DE FINANÇAS

Freitas Bastos Editora

Copyright © 2023 by Anderson Fumaux.
Todos os direitos reservados e protegidos pela Lei 9.610, de 19.2.1998.
É proibida a reprodução total ou parcial, por quaisquer meios,
bem como a produção de apostilas, sem autorização prévia,
por escrito, da Editora.

Direitos exclusivos da edição e distribuição em língua portuguesa:

Maria Augusta Delgado Livraria, Distribuidora e Editora

Direção Editorial: *Isaac D. Abulafia*
Gerência Editorial: *Marisol Soto*
Diagramação e Capa: *Julianne P. Costa*

Dados Internacionais de Catalogação na Publicação (CIP) de acordo com ISBD

```
F976e    Fumaux, Anderson
            Excel para Contadores, Peritos e Profissionais de
         Finanças / Anderson Fumaux. - Rio de Janeiro, RJ :
         Freitas Bastos, 2023.
            128 p.; 15,5cm x 23cm.

            ISBN: 978-65-5675-288-4

            1. Programas de computador. 2. Excel. 3. Tabelas.
         I. Título.
2023-1030                                          CDD 005.3 3
                                                   CDU 004.42
```

Elaborado por Odilio Hilario Moreira Junior - CRB-8/9949

Índices para catálogo sistemático:
1. Ciência da Computação: programas de computador 005.3 3
2. Ciência da Computação: programas de computador 004.42

Freitas Bastos Editora
atendimento@freitasbastos.com
www.freitasbastos.com

SUMÁRIO

INTRODUÇÃO 7

CAPÍTULO 1 – FUNÇÕES BÁSICAS 9
  1.1. FUNÇÕES SOMA, MÁXIMO, MÍNIMO E MÉDIA 9
  1.2. FUNÇÕES ARRED, ARRUMAR, ESQUERDA E DIREITA 15
  1.3. PINCEL DE FORMATAÇÃO 19
  1.4. RECURSO AUTOCOMPLETAR 22
  1.5. FIXAR CÉLULA 24
  1.6. FUNÇÃO TEXTO 28
  1.7. SUBTOTAL 36

CAPÍTULO 2 – EXCEL PARA CONTADORES 41
  2.1. FUNÇÕES FINANCEIRAS 41
  2.2. FUNÇÃO SE 46
  2.3. FUNÇÃO CONT.SE 48
  2.4. FUNÇÃO SOMASE 50
  2.5. INSERIR GRÁFICO 51
  2.6. PROCV e PROCH 60
  2.7. TABELA DINÂMICA 66
  2.8. CÁLCULO COM DATAS E HORAS 72
  2.9. FUNÇÃO DATADIF 80
  2.10. FUNÇÃO CONCATENAR 83
  2.11. IMPORTAÇÃO DE DADOS 93
  2.12. ATINGIR META 95

CAPÍTULO 3 – EXCEL PARA PERITOS 99
3.1. CAPITALIZAÇÃO SIMPLES E COMPOSTA 99
3.2. JUROS REMUNERATÓRIOS 100
3.3. JUROS MORATÓRIOS 101
3.4. MULTA CONTRATUAL 102
3.5. SISTEMA FRANCÊS DE AMORTIZAÇÃO 103
3.6. JUROS DE ACERTO E CARÊNCIA.........................109
3.7. TAXA NOMINAL E EFETIVA 111
3.8. CUSTO EFETIVO TOTAL 112
3.9. CORREÇÃO MONETÁRIA...114

CAPÍTULO 4 – EXCEL PARA PROFISSIONAIS DE FINANÇAS... 117
4.1. VALOR PRESENTE LÍQUIDO (VPL) 117
4.2. PAYBACK...120
4.3. TAXA INTERNA DE RETORNO (TIR) 123
4.4. FORMAÇÃO DE PREÇOS.. 125

INTRODUÇÃO

CONTEXTUALIZAÇÃO

Mesmo com a explosão dos sistemas integrados de gestão e os softwares para *Analytics* e *Big Data,* o Excel tem sido cada vez mais utilizado por profissionais da contabilidade, peritos e profissionais que atuam na área de finanças.

A facilidade de manuseio, as constantes atualizações com adição de novos recursos e a possibilidade de vinculação com outros bancos de dados fazem com que esses profissionais busquem essa ferramenta para otimizar as suas tarefas.

Nesse sentido, a presente obra tem o objetivo de demonstrar as principais funcionalidades do Microsoft Excel e otimizar as tarefas desenvolvidas por contadores, peritos e profissionais de finanças.

Para que haja uma sequência lógica e coerente dos recursos a serem apresentados pela ferramenta, a obra será dividida em 4 (quatro) partes:

- Capítulo 1 – Funções básicas
- Capítulo 2 – Excel para contadores
- Capítulo 3 – Excel para peritos
- Capítulo 4 – Excel para profissionais de finanças

CAPÍTULO 1
FUNÇÕES BÁSICAS

1.1. FUNÇÕES SOMA, MÁXIMO, MÍNIMO E MÉDIA

Nesse primeiro tópico vamos apresentar algumas funções bem simples, mas que podem ajudar bastante em nosso cotidiano.

A primeira será a função "SOMA" que consiste em somar os valores contidos nas células selecionadas.

Digite entre as células B2 e C7:

Filial	Vendas (R$)
Norte	R$ 25.000,00
Nordeste	R$ 38.500,00
Centro-Oeste	R$ 42.000,00
Sudeste	R$ 17.800,00
Sul	R$ 34.800,00

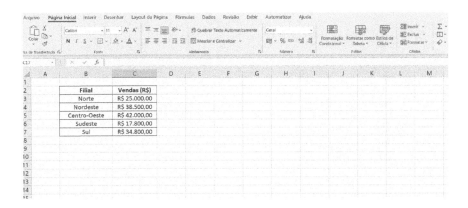

Para calcularmos a soma dessas vendas, digite "SOMA" na célula B8, posicione o cursor na célula C8 e ative a função "Soma" no ícone selecionado à direita.

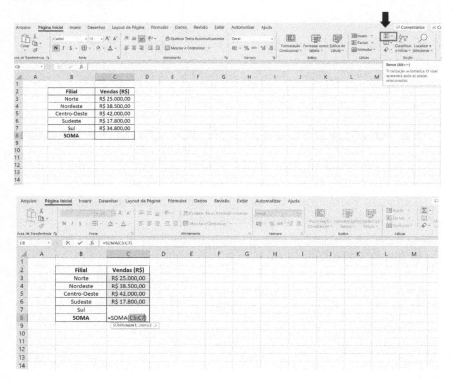

Depois dê "Enter"

Agora vamos utilizar a função "MÁXIMO" que consiste em informar a célula que contém o maior valor dentre aquelas selecionadas.

Delete o conteúdo das células B8 e C8 e digite na célula B8 "MÁXIMO".

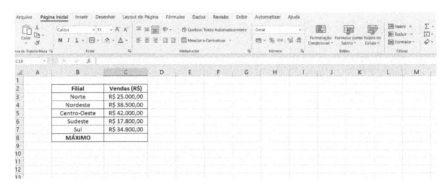

Clique na seta da função que ativamos a soma e agora escolha a função "Máx" no ícone selecionado à direita.

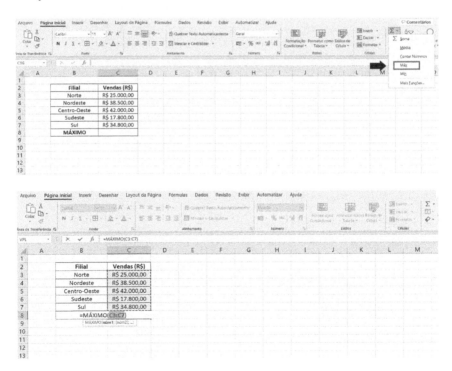

Depois dê "Enter"

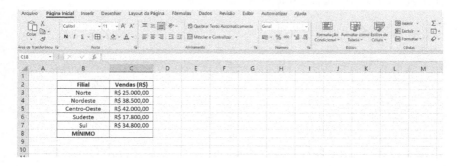

Agora vamos utilizar a função "MÍNIMO" que consiste em informar a célula que contém o menor valor dentre aquelas selecionadas.

Delete o conteúdo das células B8 e C8 e digite na célula B8 "MÍNIMO".

Clique na seta da função que ativamos a soma e agora escolha a função "Mín" no ícone selecionado à direita.

CAPÍTULO 1 – FUNÇÕES BÁSICAS   13

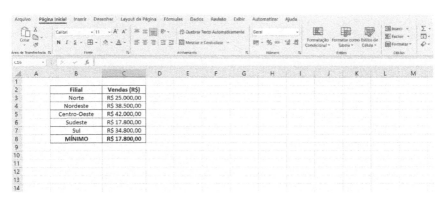

Depois dê "Enter"

Agora vamos utilizar a função "MÉDIA" que consiste em informar a média dos valores que constam nas células selecionadas.

Apague o conteúdo das células B8 e C8 e digite na célula B8 "MÉDIA".

Clique na seta da função que ativamos a soma e agora escolha a função "Média" no ícone selecionado à direita.

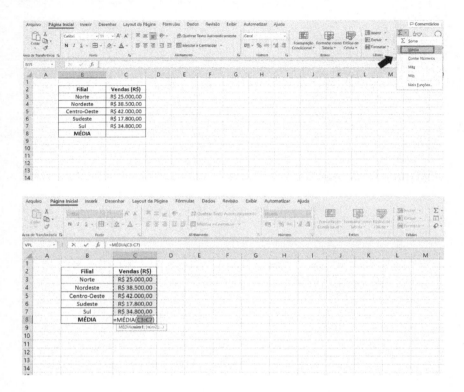

Depois dê "Enter"

1.2. FUNÇÕES ARRED, ARRUMAR, ESQUERDA E DIREITA

Agora vamos mostrar outras opções de recursos interessantes do Excel iniciando pela função "ARRED".

Essa função faz o arredondamento de um número de acordo com a quantidade de dígitos especificada na própria função.

A fórmula utilizada será:

=ARRED(número, núm_dígitos)

Onde:

número: Argumento obrigatório. Representa o número ou a referência de célula que contém o número que você deseja arredondar. núm_dígitos: Argumento obrigatório. Representa o número de dígitos para o qual você deseja arredondar o argumento número.

Digite a seguinte sequência entre B2 e B8:

Caso deseje realizar os seguintes arredondamentos:

16
11
17
16,7
21,3
68

As seguintes fórmulas deverão ser utilizadas entre as células C3 e C8:

	Número	Arrendondado	Função utilizada
	15,7	16	=ARRED(B3;0)
	11,3	11	=ARRED(B4;0)
	16,703	17	=ARRED(B5;0)
	16,696	16,7	=ARRED(B6;2)
	21,32	21,3	=ARRED(B7;1)
	67,57	68	=ARRED(B8;0)

Em seguida, vamos falar da função "ARRUMAR" que torna possível apagar todos os espaçamentos duplos que ficam entre as palavras, erro comum quando se extrai, por exemplo, informações de *sites*, arquivos txt, sistemas, dentre outros.

Por exemplo, imagine que ao copiar informações de um *site* para a planilha Excel, exibem-se os seguintes formatos:

CAPÍTULO 1 – FUNÇÕES BÁSICAS   17

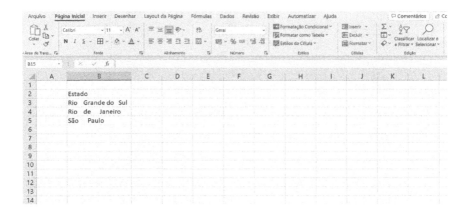

Ao aplicar a fórmula **=ARRUMAR(B3)** na célula C3 e arrastar para baixo teremos o seguinte resultado:

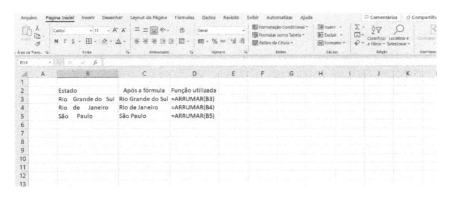

A função ESQUERDA retorna o primeiro caractere ou caracteres em uma cadeia de texto, com base no número de caracteres especificado.

A função ESQUERDA é definida da seguinte forma:

=ESQUERDA(texto;[núm_caract])

Onde:

Texto: Argumento obrigatório. Representa a cadeia de texto que contém os caracteres a serem extraídos.
Núm_caract: Argumento opcional. Representa o número de caracteres a serem extraídos da cadeia de texto começando do lado esquerdo.

Já a função DIREITA retorna o último caractere ou caracteres em uma cadeia de texto, com base no número de caracteres especificado.
A sintaxe da função DIREITA é definida da seguinte forma:

=DIREITA(texto;[núm_caract])

Onde:

Texto: Argumento obrigatório. Representa a cadeia de texto que contém os caracteres a serem extraídos.
Núm_caract: Argumento opcional. Representa o número de caracteres a serem extraídos da cadeia de texto começando do lado direito.

Digite "AGÊNCIA 0407 CC 06478-1" nas células B2 e B3

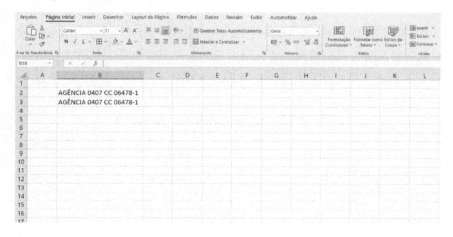

Para aparecer somente "AGÊNCIA 0407" digite **=ESQUER-DA(B2;12)** na célula C2.

Ou seja, vão aparecer os 12 primeiros caracteres à esquerda da célula B2

Para aparecer somente "CC 06478-1" digite **=DIREITA(B3;10)** na célula C3.

Ou seja, vão aparecer os 10 primeiros caracteres à direita da célula A8.

1.3. PINCEL DE FORMATAÇÃO

O pincel de formatação tem por finalidade copiar de forma rápida a formatação de um item do documento para o outro, permitindo que sejam copiados estilos de formatação de textos e imagens com um simples clique na formatação de origem e por fim na formatação de destino.

Por exemplo, considere a formatação da tabela abaixo:

Logo, em seguida outra tabela está sendo estruturada ao lado:

Para copiar a formatação da primeira tabela e aplicá-la integralmente na segunda será necessário selecionar a primeira tabela, posteriormente clicar no ícone do pincel na barra de ferramentas (no canto esquerdo superior da tela) e depois colar em cima da segunda tabela.

CAPÍTULO 1 – FUNÇÕES BÁSICAS

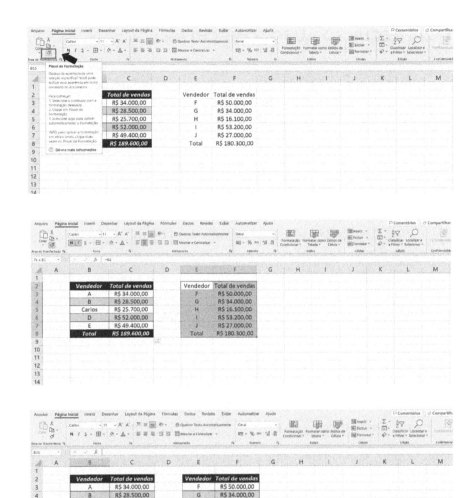

1.4. RECURSO AUTOCOMPLETAR

É um recurso oferecido pelo Excel que permite que você preencha suas células automaticamente com dados que atendam determinado padrão ou que tenham base em dados de outras células.

Digite "Janeiro" na célula A1, "Fevereiro" na célula B1 e "Março" na célula C1.

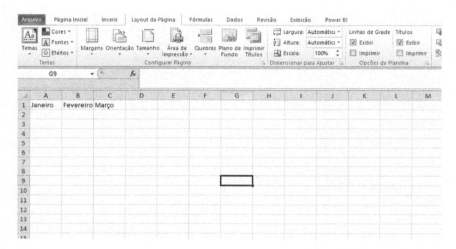

Selecione o intervalo. Na pontinha da célula C1 deverá aparecer um quadrado bem pequeno.

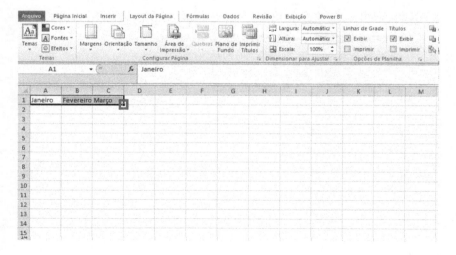

Quando aparecer o formato de uma cruz, arraste as células para o lado direito e o Excel irá completar os meses do ano:

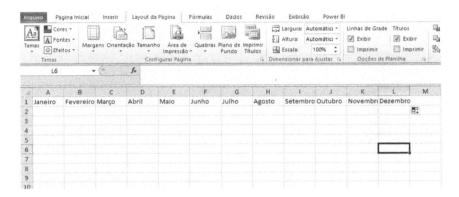

O recurso também poderá ser utilizado na vertical:

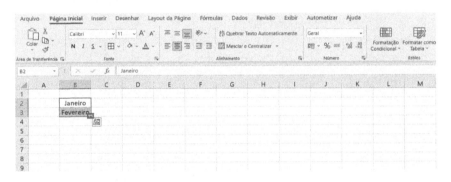

Ao arrastar para baixo, temos o seguinte resultado:

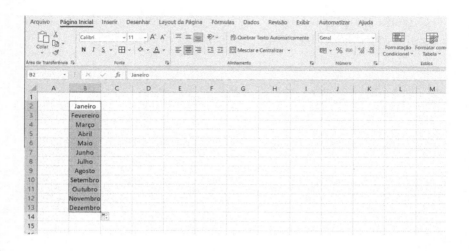

Ressalte-se que o Excel tem programado diversas outras sequências, entretanto, você deverá digitar as duas primeiras células para que o programa compreenda a lógica.

Ou seja, se digitar "0" em uma célula e "2" na outra, arrastando tanto na vertical quanto na horizontal, a sequência virá "4", "6" e por aí em diante.

Se digitar "0" em uma célula e "3" na outra, arrastando tanto na vertical quanto na horizontal, a sequência virá "6", "9" e por aí em diante.

Se digitar "01/02" em uma célula e "02/02" na outra, arrastando tanto na vertical quanto na horizontal, a sequência virá "03/02", "04/02" e por aí em diante.

1.5. FIXAR CÉLULA

Uma das inúmeras vantagens em usar Excel é poder escrever uma conta matemática, por exemplo, que queremos fazer com uma variedade de valores apenas uma vez e depois simplesmente arrastar ou copiar a célula onde escrevemos tal fórmula e tudo fica pronto.

No entanto, esse recurso nem sempre funciona como esperamos, pois queremos que uma ou algumas das células que fazem parte da fórmula sejam fixas e assim que copiamos ou arrastamos a fórmula ela mexe todas suas referências.

Dessa forma, surge a possibilidade de FIXAÇÃO DA CÉLULA a partir da utilização do sinal "$".

Vamos tomar como exemplo a tabela de vendas que apresentamos para demonstrar o Pincel de formatação.

Vamos inserir uma coluna à direita depois "Total de vendas" para calcularmos o percentual de vendas de cada vendedor em relação ao total vendido (Será nomeada de %).

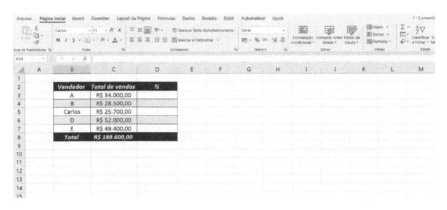

A partir da célula D3 vamos calcular quanto cada venda representa do total, dividindo o valor de cada venda pelo total a partir da seguinte fórmula:

=C3/C8

Ou seja, a célula D3 irá mostrar o resultado da divisão do valor que está na célula C3 pelo valor que está na célula C8.

Agora veja o que acontece quando arrasto ou copio esta fórmula para todos os outros sabores.

A fórmula continua pegando corretamente a célula que contém o valor vendido de cada sabor individual, porém também desce uma célula na linha onde está o total da venda.

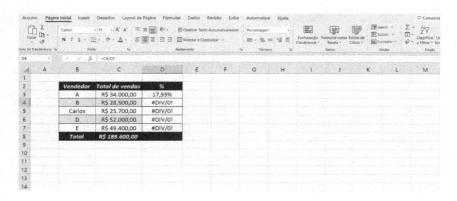

Uma forma de arrumar isso seria ir ajustando as fórmulas uma a uma, mas imagine se tivéssemos uma tabela muito grande, isso seria inviável. O sinal $ serve para congelar linhas ou colunas nas fórmulas e funções do Excel.

Nesse caso específico eu pretendo fixar apenas a linha C8, logo faremos o seguinte procedimento:

Vou abrir a fórmula **=C3/C8 e** posicionar o cursor do *mouse* entre a letra C e o número 8 da célula C8.

CAPÍTULO 1 – FUNÇÕES BÁSICAS   27

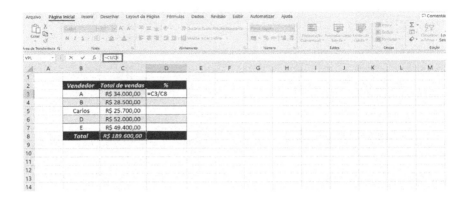

Posteriormente vou apertar a tecla de atalho F4 e automaticamente aparecerá escrito **=$C$8**

Dessa forma, tanto a linha quanto a coluna estarão travadas.

Se apertar F4 pela segunda vez aparecerá **=C$8** e dessa forma somente a linha será fixada.

Pela terceira vez aparecerá **=$C8** e dessa forma somente a coluna será fixada.

Pela quarta vez aparecerá **=C8** e voltará ao padrão original.

Caso a tecla F4 não funcione devido a configuração o teclado, a inserção do $ deverá ser feita manualmente.

Continuando no exemplo, supondo que apertei apenas uma vez a tecla F4 a célula ficará no formato **=$C$8** e agora poderemos arrastar para baixo.

Dessa forma, todas as linhas terão a célula C8 fixada:

=C3/$C$8
=C4/$C$8
=C5/$C$8
=C6/$C$8
=C7/$C$8

1.6. FUNÇÃO TEXTO

A função **TEXTO** permite que você altere a maneira de exibir um número aplicando formatação a ele com códigos de formatação. Isso é útil quando você deseja exibir números em um formato mais legível ou deseja combinar números com texto ou símbolos.

Na célula **B3**, digite CONTROLE DE DIÁRIAS.

Entre as células **B4** e **D10** digite o seguinte:

DATA	FUNCIONÁRIO	VALOR
05/07/2018	JOSEMAR	2000
25/07/2018	MARIA	3000
10/08/2018	TANIA	4500
17/08/2018	TANIA	900
04/09/2018	MARIA	3200
20/09/2018	JOSEMAR	2700

O formato da planilha deverá aparecer algo parecido com a tela abaixo:

CAPÍTULO 1 – FUNÇÕES BÁSICAS

Digite nas células E4 e F4, MÊS e DIA, respectivamente.

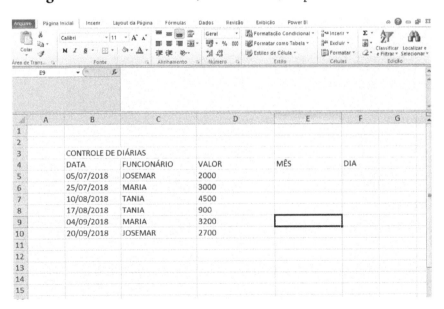

Em nosso exemplo, caso você informado na célula **E5** a fórmula **=MÊS(B5)** e na célula F5 a fórmula **=DIA(B5),** os resultados apresentados estariam em números, conforme tela abaixo:

Caso fosse necessário apresentar os resultados em **texto**, bastaria inserir a função texto nas duas fórmulas.

Para demonstrar o mês em texto, digitar na célula E5 a seguinte fórmula:

=TEXTO(B5;"MMMM")

Para demonstrar o dia em texto, digitar na célula F5 a seguinte fórmula:

=TEXTO(B5;"DDDD")

Basta copiar e colar as fórmulas para as demais células.

Para melhorar a formatação da planilha, vamos mesclar e centralizar as células **B3 a F6:**

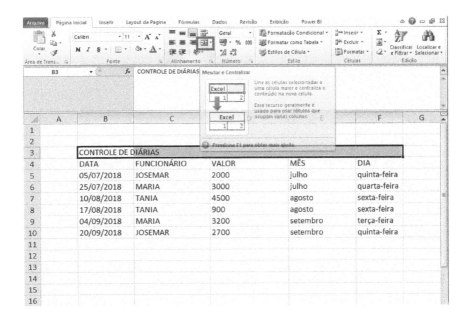

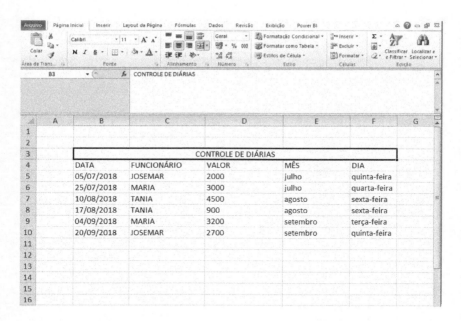

Selecione as células D5 a D10 e coloque a formatação dos valores para moeda:

CAPÍTULO 1 – FUNÇÕES BÁSICAS   33

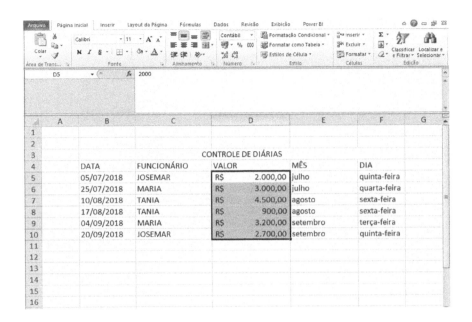

Selecione de **B3** a **F10** e centralize:

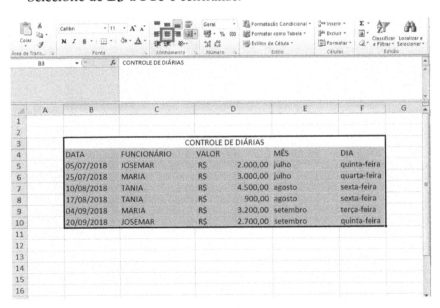

E coloque uma linha de grade:

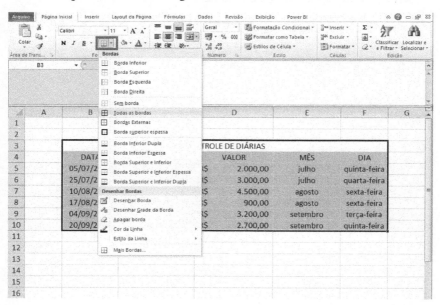

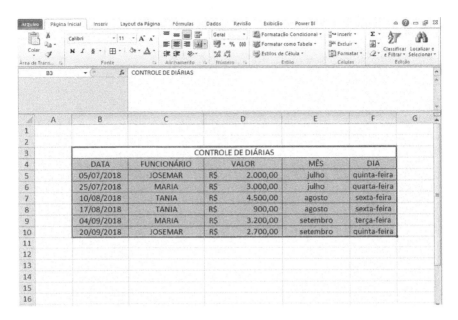

Para finalizar a formatação, vamos ajustar a largura da coluna, fixando em 12 cm:

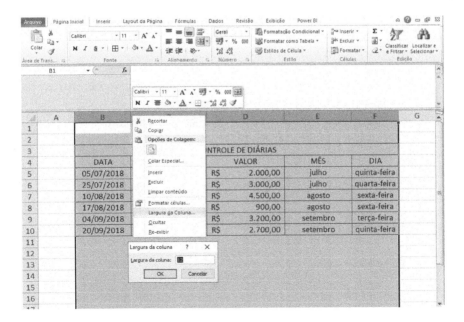

1.7. SUBTOTAL

Essa função é utilizada para somar linhas visíveis (ou todas) de uma tabela. Em nosso exemplo, a ideia é realizar uma soma por tipo de funcionário, com base na tabela anterior.

Lembrando que para utilizar tal função é **necessário classificar os itens anteriormente em ordem alfabética.**

Copie o conjunto de células entre **B4** a **F10** da tabela anterior e coloque em uma planilha vazia:

CAPÍTULO 1 – FUNÇÕES BÁSICAS 37

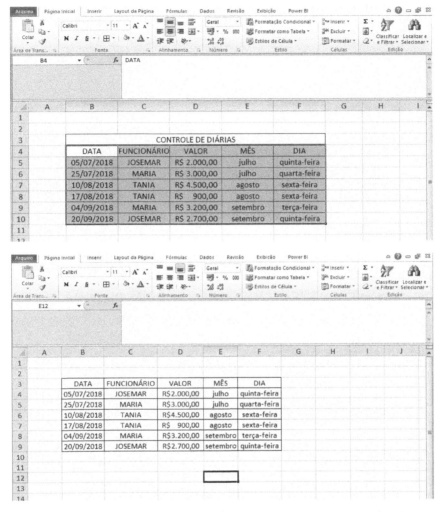

Selecione a tabela, clique em Dados e depois a opção "Filtro":

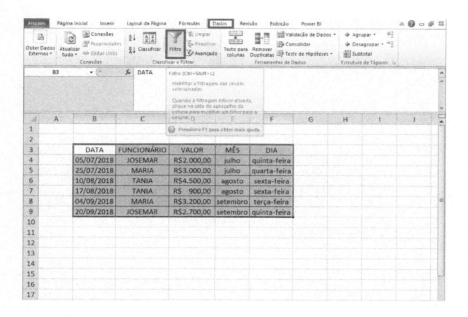

Clique em Funcionário e na opção "Classificar de A a Z":

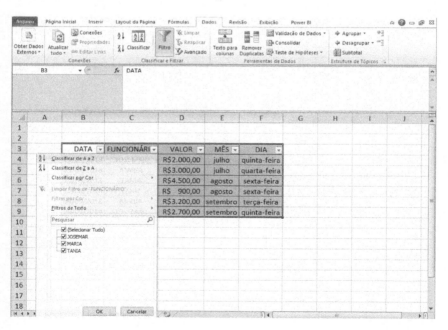

Retire o Filtro. Com a planilha selecionada, vá à opção Subtotal:

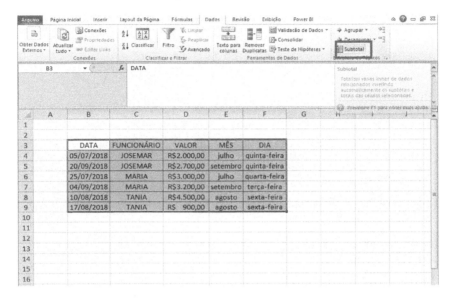

Na opção "A cada alteração em:" selecione "Funcionário", usar a função "Soma" e na opção "Adicionar subtotal a:" selecione "Valor":

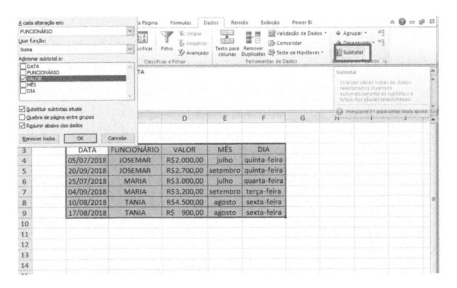

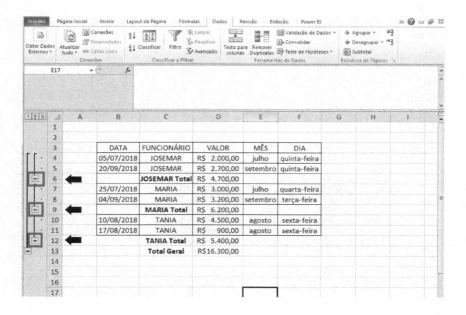

Caso deseje apresentar apenas os resumos clique no sinal "-" no canto esquerdo de cada subtotal indicado pelas setas:

CAPÍTULO 2

EXCEL PARA CONTADORES

2.1. FUNÇÕES FINANCEIRAS

O objetivo aqui é mostrar as principais funções financeiras do Excel, as quais são utilizadas com muita frequência no dia a dia dos contadores, como, por exemplo:

- Valor da prestação quando a parcela for fixa (Função "PGTO")
- A taxa aplicada na transação (Função "TAXA")
- Quantidade de parcelas da transação (Função "NPER")
- O valor presente da operação (Função "VP")

Considere as seguintes informações:
Valor do empréstimo: R$ 50.000,00
Taxa de juros da transação: 3%
Quantidade de parcelas: 24

No primeiro momento, será encontrado o **valor da prestação** a partir da seguinte função:

=PGTO(taxa;nper;vp)

EXCEL PARA CONTADORES, PERITOS E PROFISSIONAIS DE FINANÇAS

Ao informar as células teríamos:

Repare que o resultado **apresentou valor negativo**, pois a matemática financeira trabalha com o **conceito de fluxo de caixa**, ou seja, se o valor presente (valor emprestado) é positivo, as prestações a serem pagas devem ser negativas e vice-versa.

Agora, na segunda hipótese, imagine que o valor da prestação já é conhecido, bem como a taxa de juros e a quantidade de parcelas e precisamos encontrar o valor do empréstimo.

Nesse contexto, o valor do empréstimo (valor presente) será encontrado a partir da seguinte função:

$$=VP(taxa;nper;vp)$$

Ao informar as células teríamos:

EXCEL PARA CONTADORES, PERITOS E PROFISSIONAIS DE FINANÇAS

Agora, na terceira hipótese, imagine que o valor da prestação já é conhecido, bem como o valor do empréstimo e a quantidade de parcelas e precisamos encontrar a taxa de juros.

Nesse contexto, a taxa será encontrada a partir da seguinte função:

$$=TAXA(nper;pgto;vp)$$

Ao informar as células teríamos:

Agora, na quarta hipótese, imagine que o valor da prestação já é conhecido, bem como o valor do empréstimo e a quantidade de parcelas e precisamos encontrar a quantidade de parcelas.

Nesse contexto, o número de parcelas será encontrado a partir da seguinte função:

=NPER(taxa;pgto;vp)

Ao informar as células teríamos:

2.2. FUNÇÃO SE

Essa função permite inserir condições lógicas entre valores. Na sua forma mais simples (uma coisa ou outra) retornará dois resultados.

Um se a primeira comparação for um resultado verdadeiro e outro se a primeira comparação for um resultado falso.

Digite no conjunto de células entre **B2** e **D7**:

Vendedor	Valor das Vendas	Comissão
Ricardo	R$ 3.000,00	
Luciana	R$ 5.000,00	
Thiago	R$ 6.000,00	
Lourdes	R$ 1.500,00	
Ana Clara	R$ 4.500,00	

Selecione as células e centralize-as.

Dessa forma, será feita a seguinte condição:

A comissão apenas será paga se a venda for igual o superior a R$ 3.000,00.

Logo teríamos a seguinte fórmula:

=SE(C3>=3000;C3*0,1;0)

Feita a primeira fórmula, basta arrastar para baixo:

Dessa forma, apenas Lourdes não recebeu comissão, pois foi a única que não atingiu tal condição.

Em uma segunda hipótese, pode-se criar uma condição em que:

- Vendas iguais ou inferiores a R$ 1.500,00 não recebem comissão.
- Vendas iguais ou maiores a R$ 5.000,00 recebem comissão de 15%.
- Em qualquer outra condição, a comissão será de 10% sobre o valor das vendas.

Logo, teríamos a seguinte fórmula:

=SE(C3<=1500;0;SE(C3>=5000;C3*0,15;C3*0,1))

Feita a primeira fórmula, basta arrastar para baixo:

EXCEL PARA CONTADORES, PERITOS E PROFISSIONAIS DE FINANÇAS

	Vendedor	Valor das Vendas	Comissão
	Ricardo	R$ 3.000,00	R$ 300,00
	Luciana	R$ 5.000,00	R$ 750,00
	Thiago	R$ 6.000,00	R$ 900,00
	Lourdes	R$ 1.500,00	R$ 0,00
	Ana Clara	R$ 4.500,00	R$ 450,00

Célula D3: `=SE(C3<=1500;0;SE(C3>=5000;C3*0,15;C3*0,1))`

Dessa forma, temos os seguintes resultados:

- Lourdes não recebeu comissão, pois vendeu R$ 1.500,00.
- Ricardo e Ana Clara receberam comissão de 10%, pois venderam menos do que R$ 5.000,00.
- Luciana e Thiago receberam comissão de 15%, pois as vendas foram de R$ 5.000,00 e R$ 6.000,00, respectivamente.

2.3. FUNÇÃO CONT.SE

Essa função tem o objetivo de contar quantas vezes determinada palavra que foi digitada em um conjunto de células aparece.

Por exemplo, caso deseje saber quantas vezes a palavra "Contabil (B18)" apareceu entre o intervalo C4 e C13, a seguinte fórmula deve ser aplicada na célula C18:

=CONT.SE($C$4:$C$13;B18)

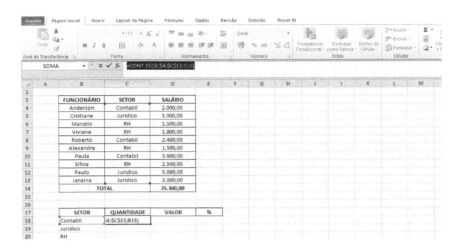

Para copiar a fórmula nas demais células basta dar um CTRL C e CTRL V

IMPORTANTE:
Utiliza-se $ toda vez que se torna necessária travar a célula. Repare que o intervalo sempre será entre C4 e C13, mesmo que eu copie a fórmula para as demais células.
Entretanto, a célula B18 (Contabil) não está travada. Logo quando for copiada a fórmula para a linha de baixo, a célula base será B19 (Juridico).

2.4. FUNÇÃO SOMASE

Essa função tem o objetivo de somar todos os valores que aparecem em determinada palavra que foi digitada em um conjunto de células.

Por exemplo, caso deseje saber o somatório de todas as células (D4 e D13) que aparecem "Contabil (B18)" entre o intervalo C4 e C13, a seguinte fórmula deve ser aplicada na célula D18:

=SOMASE($C$4:$C$13;B18;$D$4:$D$13)

Para copiar a fórmula nas demais células basta dar um CTRL C e CTRL V

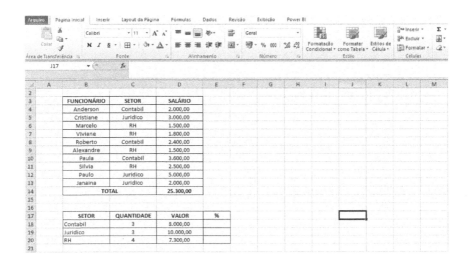

Posteriormente, é possível centralizar a célula, formatar o número com separador de milhares e duas casas decimais, bem como inserir borda na tabela (conforme imagem acima).

2.5. INSERIR GRÁFICO

Selecione o intervalo entre B18 e B20. Com a tecla CTRL ativada, selecione o intervalo entre D18 e D20:

Clique no Menu Inserir e selecione o gráfico (neste caso pizza):

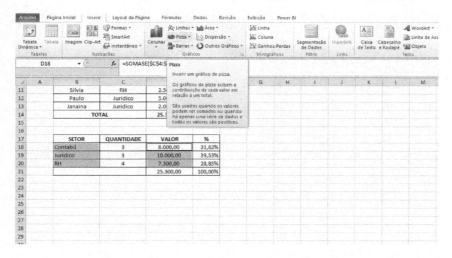

Escolha o Pizza 3D:

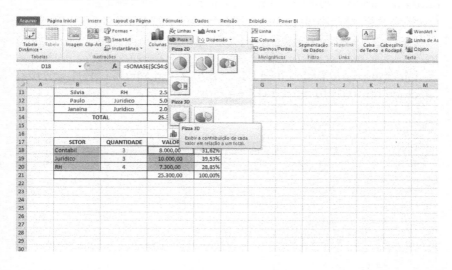

Após aparecer o gráfico, mova para baixo ou para o lado da tabela:

CAPÍTULO 2 – EXCEL PARA CONTADORES   53

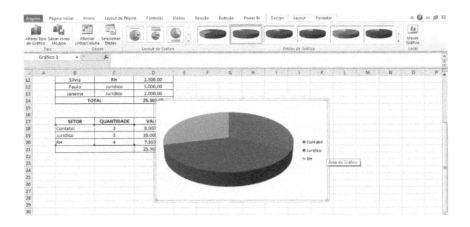

Para adicionar valores ao gráfico, clique dentro da pizza com o botão direito e selecione a opção "Adicionar rótulos de dados":

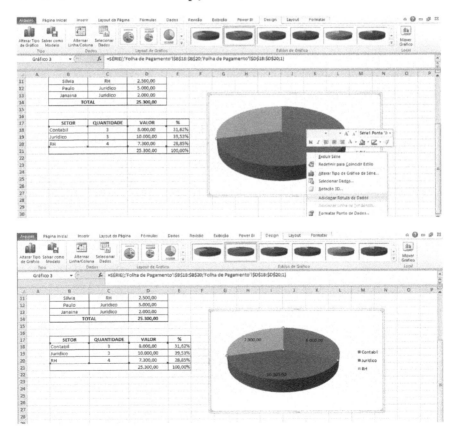

Para adicionar o percentual, clique com o botão direito novamente e acione a opção "Formatar rótulos de dados":

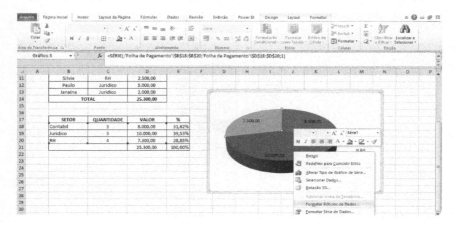

Marcar a opção "Porcentagem" e fechar:

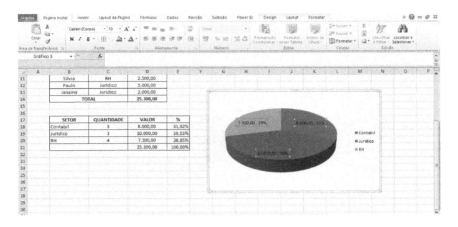

Para editar as informações em cada fatia da pizza (rótulo), clique duas vezes dentro do resultado apresentado:

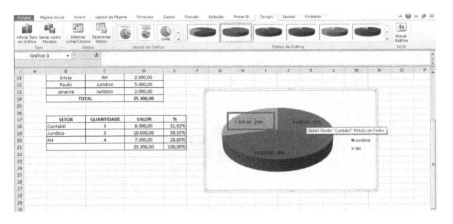

Ajuste da maneira que preferir e faça em isso em cada fatia do gráfico:

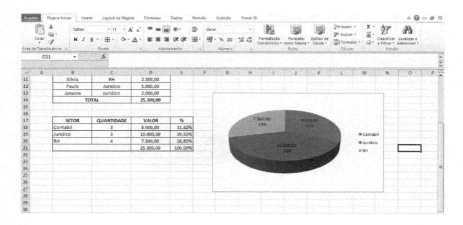

Para alterar o fundo do gráfico, clique com o botão direito na parte branca do gráfico e selecione "Formatar área do gráfico":

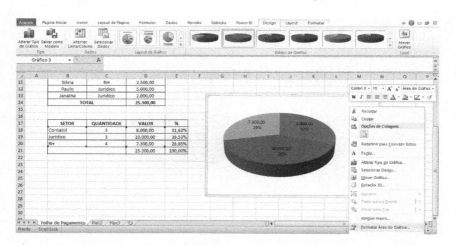

No Menu "Preenchimento", marque a opção "Preenchimento Sólido", selecione a cor desejada e clique em fechar:

CAPÍTULO 2 – EXCEL PARA CONTADORES   57

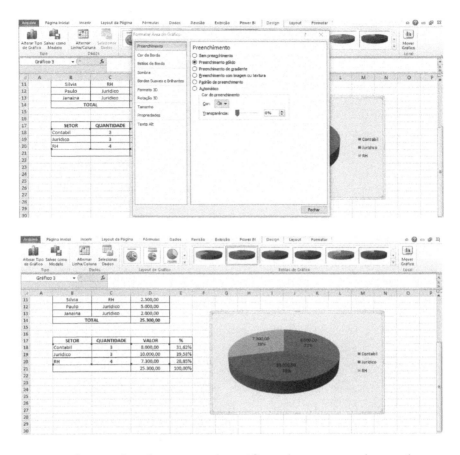

Para alterar a borda externa do gráfico, clique com o botão direito na parte branca do gráfico e selecione "Formatar área do gráfico". Depois no Menu "Cor da Borda", marque a opção "Linha Sólida", selecione a cor desejada e clique em fechar:

Clique fora do gráfico para visualizar:

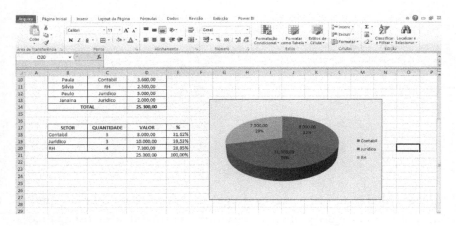

Para inserir borda interna do gráfico, clique dentro da pizza com o botão direito e selecione a opção "Formatar série de dados". Acesse "Cor da borda", selecione "Linha Sólida", marque a cor desejada e feche:

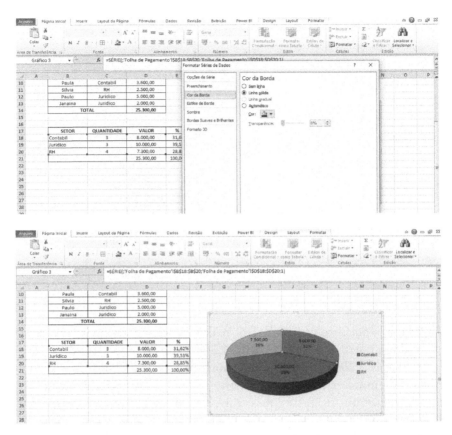

Caso não tenha escolhido um modelo de gráfico que possua uma linha para inserir o título, você pode fazê-lo acessando o menu "Design" e selecionando a opção "Título do Gráfico":

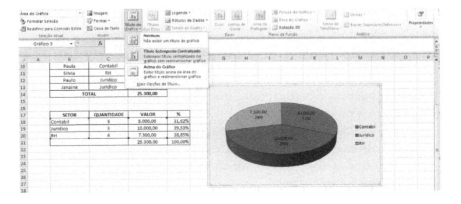

Após aparecer a área para digitação, coloque "Custos por setor":

2.6. PROCV e PROCH

O Excel permite que o usuário realize pesquisas baseadas em listas de dados a partir das funções **PROCV** e **PROCH**.

A função **PROCV** realiza uma **pesquisa vertical**, ou seja, ela faz a busca de um determinado argumento usando como **critério colunas**.

Ou seja, tal função pesquisa um valor da primeira coluna de uma lista de dados especificado em "valor_procurado". Ela então procura o número de colunas que você determinou em "num_coluna" e retorna o valor que deseja encontrar.

A sintaxe da PROCV é a seguinte:

=PROCV(valor_procurado; matriz_tabela; num_coluna; procurar_intervalo)

Onde:

---

valor_procurado é o argumento que deseja fornecer como base para a procura ser feita

matriz_tabela é o intervalo onde se realizará a pesquisa

num_coluna é a coluna que se deseja obter o resultado, considerando que as colunas são contadas a partir do intervalo estipulado em matriz_tabela;

> **procurar_intervalo** é a precisão da pesquisa, podendo ser exata ou por aproximação do valor desejado.

Sendo que:
Busca exata = 0 (FALSO)
Busca aproximada = 1 (VERDADEIRO)

Vamos apresentar um exemplo prático, no entanto, no curso que oferecemos em conjunto com o livro são demonstradas outras possibilidades.

Imagine que determinada empresa ofereça os seguintes descontos progressivos conforme a quantidade comprada:

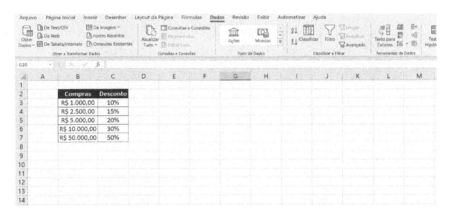

Repare que os descontos são concedidos a partir de R$ 1.000,00 em compras, logo, para uma compra de R$ 1.000,00, o comprador receberia 10% de desconto.

Uma pergunta a ser feita seria: Mas uma compra de R$ 1.200,00 não teria desconto? Sim. Teria, mas para que a fórmula do PROCV funcione dessa forma será necessário realizar uma busca aproximada e não exata (Busca aproximada = 1).

Ou seja, valores que ultrapassem R$ 1.000,00 e menores do que R$ 2.500,00 também teriam desconto de 10%.

Da mesma forma, compras iguais ou superiores a R$ 2.500,00 e inferiores a R$ 5.000,00 teriam desconto de 15%.

Vamos digitar as seguintes compras e acrescentar a coluna "Desconto":

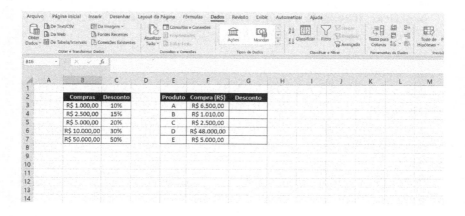

Na célula G3, vamos digitar a seguinte fórmula:

=PROCV(F3;B$3:C$7;2;VERDADEIRO)

O qual procura o valor aproximado de R$ 6.500,00 dentro do intervalo B3 a C7.

Repare que mesmo que o valor de R$ 6.500,00 não esteja na tabela de referência, o Excel entenderá que este valor precisa ter como referência as compras iguais ou superiores a R$ 5.000,00 e que sejam menores do que R$ 10.000,00. Logo, será concedido 20% de desconto.

Uma vez apresentado o resultado, basta arrastar para baixo:

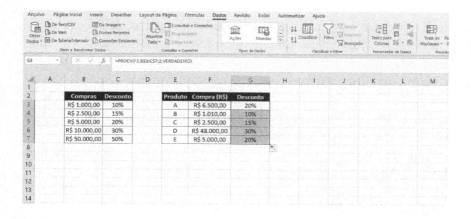

Agora, se eu precisar realizar uma pesquisa exata no PROCV, somente os valores que de fato constam na tabela de referência terão o desconto. Ou seja, somente as compras dos produtos C e E vão retornar com resultado e os demais vão apresentar erro.

Nesse sentido, a fórmula seria:

Já a função **PROCH** realiza uma **pesquisa horizontal**, ou seja, localiza o resultado ou argumento de interesse por meio da leitura da primeira linha de uma lista de dados. O número de linhas é especificado quando o usuário estabelece o valor em valor_procurado.

Pode ser utilizado quando os valores de comparação estiverem todos localizados ao longo de uma linha superior da tabela e você quiser encontrar um número específico nas linhas mais abaixo.

A sintaxe da PROCH é a seguinte:

> **=PROCH(valor_procurado; matriz_tabela; num_linha; procurar_intervalo)**

Onde:

> **valor_procurado** é o argumento que deseja fornecer como base para a procura ser feita;
>
> **matriz_tabela** é o intervalo onde se realizará a pesquisa;

num_linha é a linha que se deseja obter o resultado, considerando que as linhas são contadas a partir do intervalo estipulado em matriz_tabela;

procurar_intervalo é a precisão da pesquisa, podendo ser exata ou por aproximação do valor desejado.

Sendo que:
Busca exata = 0 (FALSO)
Busca aproximada = 1 (VERDADEIRO)
Em nosso exemplo, utilizaremos a seguinte tabela:

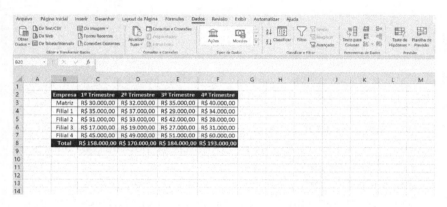

Abaixo, vamos apresentar a seguinte coluna:

A partir de agora vamos criar uma nova coluna (C10) o qual iremos alternar entre "1º Trimestre", "2º Trimestre", "3º Trimestre" e "4º Trimestre" e realizar a seguinte procura:

Na célula C11, vamos buscar o resultado do 1º Trimestre, por exemplo, na Matriz (Célula B11), logo, o PROCH buscará o resultado da linha Matriz referente à célula C3 a partir da seguinte fórmula:

=PROCH(C10;B2:F7;2;FALSO)

Repare que a célula C11 buscou o resultado encontrado no "1º Trimestre" na célula C3.

Encontrado o valor, basta arrastar para baixo.

Caso eu altere a célula C10 para "2º Trimestre", o resultado da matriz aparecerá o que consta na célula D3.

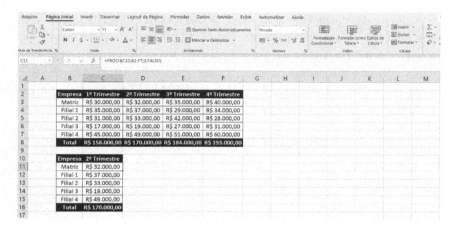

Ou seja, repare que a busca está sendo feita na horizontal (para o lado direito).

Se a célula C10 for alterada para "3º Trimestre", o resultado da matriz aparecerá o que consta na célula E3.

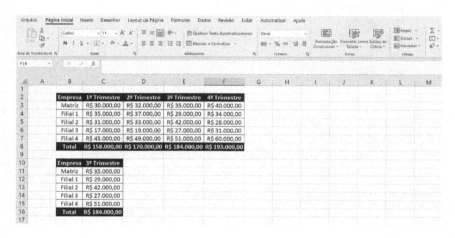

Para o "4º Trimestre" será a mesma lógica.

2.7. TABELA DINÂMICA

Uma tabela dinâmica é um recurso do Excel capaz de resumir informações processando dados a fim de fornecer uma análise de uma determinada planilha.

CAPÍTULO 2 – EXCEL PARA CONTADORES   67

Por meio da tabela dinâmica, é possível fazer análise de dados de tabelas, além de fornecer ferramentas que otimizam o processo para gerar resumos de forma intuitiva, de maneira rápida e eficiente.

Antes de tudo, é importante que aprendamos sobre os elementos de uma tabela dinâmica e como utilizá-los. A imagem abaixo é uma tabela dinâmica, ou seja, um resumo para análise de dados que foi gerado a partir de uma massa de dados prévia.

Soma de valor_transacao	Rótulos de Coluna					
Rótulos de Linha	2014	2019	2016	2018	2017	Total Geral
C	R$ 169.037,16	R$ 13.971,00	R$ 16.569,49	R$ 24.356,17	R$ 1.815,67	R$ 225.749,49
D	R$ 169.007,68	R$ 13.970,65	R$ 16.668,03	R$ 24.362,31	R$ 1.808,34	R$ 225.817,01
Total Geral	R$ 338.044,84	R$ 27.941,65	R$ 33.237,52	R$ 48.718,48	R$ 3.624,01	R$ 451.566,50

Destacamos cinco conceitos fundamentais para gerá-la: campos, filtros, colunas, linhas e valores.

Campo

Campos são os "cabeçalhos" do relatório que servem como fonte de dados para a criação da tabela.

Filtro de relatório

Como o nome sugere, a área de filtros serve para adicionar o comportamento de filtro por elemento escolhido a tabela dinâmica. O filtro de relatório passou a se chamar apenas Filtros nas versões mais recentes do Excel.

Rótulos de linha

A área de linhas fará com que sua tabela dinâmica exiba os campos nas posições das linhas.

Rótulos de coluna

A área de colunas fará com que sua tabela dinâmica exiba os campos nas posições das colunas.

Valores

A área de valores é utilizada para fazer operações matemáticas, ou seja: o único campo que faz contas da tabela dinâmica é o campo valores. Ao arrastar um campo numérico para a área de valores, ele exibirá uma soma total desses valores na tabela dinâmica.

Para que serve uma tabela dinâmica e quando usar?

A tabela dinâmica facilita a organização dos dados de uma planilha promovendo a transformação de dados em informações objetivas disponíveis em relatórios com conteúdos dinâmicos sem a necessidade de criar fórmulas complexas.

No curso que oferecemos em conjunto com o livro mostramos um exemplo bem completo de utilização da tabela dinâmica, mas para que o nosso leitor não fique sem nenhuma ilustração por aqui, vamos apresentar um case mais simples.

Imagine o seguinte banco de dados com as seguintes informações:

Vendedor	Forma de pagamento	Venda	Mês
Anderson	Dinheiro	R$ 428,00	Abril
Anderson	Débito	R$ 327,00	Agosto
Sérgio	Débito	R$ 77,00	Março
Sérgio	Crédito	R$ 222,00	Agosto
Karen	Dinheiro	R$ 291,00	Abril
Marlene	Dinheiro	R$ 55,00	Julho
Marlene	Débito	R$ 234,00	Julho
Karen	Débito	R$ 28,00	Janeiro
Anderson	Crédito	R$ 454,00	Janeiro
Sérgio	Crédito	R$ 106,00	Janeiro
Ricardo	Crédito	R$ 423,00	Agosto
Ricardo	Dinheiro	R$ 215,00	Agosto
Anderson	Débito	R$ 88,00	Agosto

Vá ao menu "Inserir" opção "Tabela Dinâmica/Da Tabela/Intervalo"

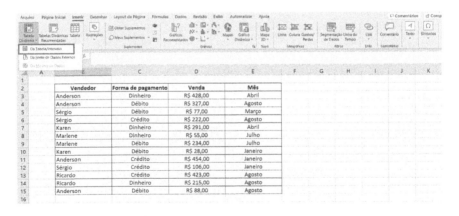

Selecione o intervalo da tabela:

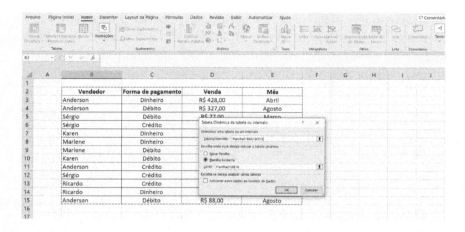

Selecione "Planilha Existente" e dê um Ok.

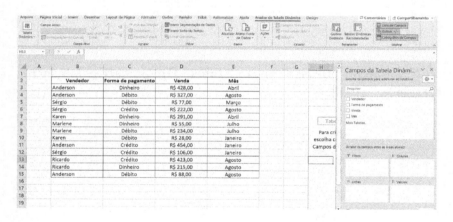

Dessa forma, a tabela dinâmica se apresentará na mesma planilha em que a tabela com a base de dados.

Vamos agora, apresentar 2 possíveis recursos da tabela dinâmica:

1) Na primeira possibilidade, quero evidenciar o total de vendas realizada por cada vendedor e este sendo mostrado na vertical, logo, arrasto o campo vendedor para "Linhas" e o campo venda para "Valores".

CAPÍTULO 2 – EXCEL PARA CONTADORES 71

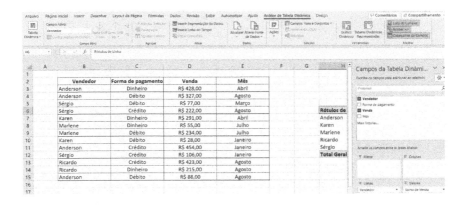

Ao clicar no botão "X", vai aparecer a tabela dinâmica com o resultado desejado.

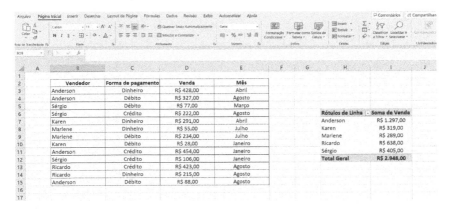

Caso o resultado não apareça em moeda altere a formatação.

2) Na segunda possibilidade, quero evidenciar o total de vendas por cada forma de pagamento mês a mês, logo, arrasto o campo forma de pagamento para "Linhas", mês para "colunas" e o campo venda para "Valores".

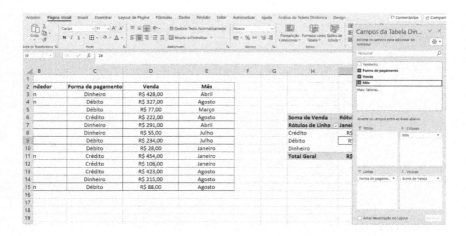

Ao clicar no botão "X", vai aparecer a tabela dinâmica com o resultado desejado.

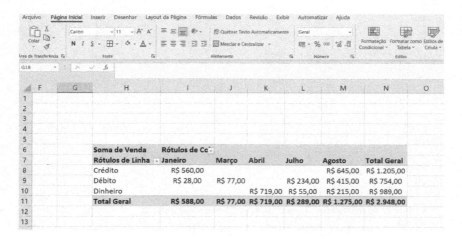

2.8. CÁLCULO COM DATAS E HORAS

Digite no conjunto de células entre **B3** e **E9**:

DATA	ENTRADA	SAÍDA	INTERVALO
01/10/2018	08:00	17:00	01:00
02/10/2018	08:00	17:00	01:00
03/10/2018	08:00	17:00	01:00
04/10/2018	08:00	17:00	01:00
05/10/2018	08:00	17:00	01:00
06/10/2018	08:00	00:00	00:00

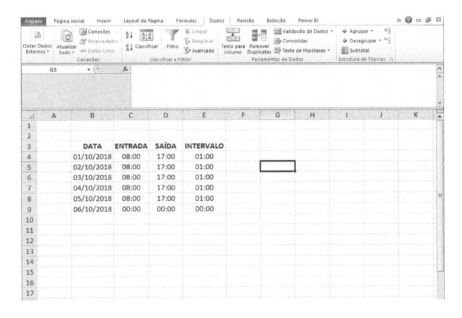

Para calcular o número de horas trabalhadas, digite na célula **F3** "HORAS TRAB" e na célula **F4** a seguinte fórmula:

=D4-C4-E4

Copie para as demais células e centralize-as.

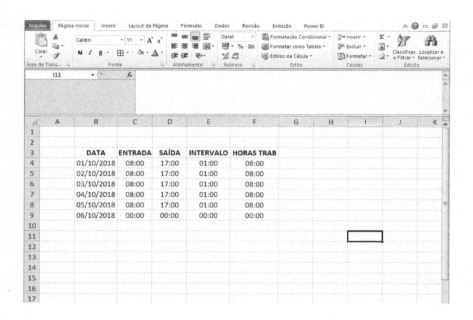

O próximo passo será encontrar o valor devido a esse funcionário tendo em vista que o salário hora dele é de R$ 15,00.

Como o Excel não foi programado para multiplicar hora por número, será necessário criar uma nova coluna com a nomenclatura "HORAS REAIS" na célula **G3** e digitar a seguinte fórmula na célula **G4:**

=HORA(F4)

Essa fórmula transformará o formato "hora" em "número".

Copie para as demais células e centralize-as.

Na célula **G10**, faça um "Auto Soma", entre as células **G4** e **G9:**

CAPÍTULO 2 - EXCEL PARA CONTADORES

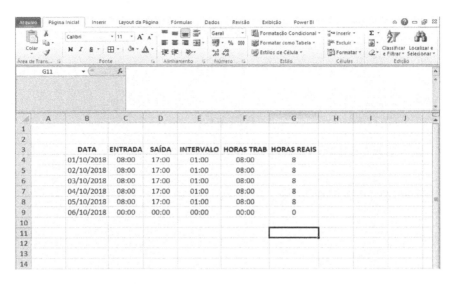

Digite na célula **B13** "Salário hora" e na célula **C13** "R$ 15,00".

Digite na célula **B14** "Valor devido" e na célula **C14** a seguinte fórmula:

=C13*G10

76 EXCEL PARA CONTADORES, PERITOS E PROFISSIONAIS DE FINANÇAS

No exemplo acima, as trabalhadas foram as mesmas (sempre 8 horas por dia), mas vamos imaginar uma outra situação com horas e minutos.

Digite no conjunto de células entre **B16** e **E22**:

DATA	ENTRADA	SAÍDA	INTERVALO
01/10/2018	08:15	17:20	01:00
02/10/2018	07:43	16:32	01:00
03/10/2018	08:19	17:26	01:00
04/10/2018	08:45	17:52	01:00
05/10/2018	08:08	16:49	01:00
06/10/2018	00:00	00:00	00:00

CAPÍTULO 2 – EXCEL PARA CONTADORES   77

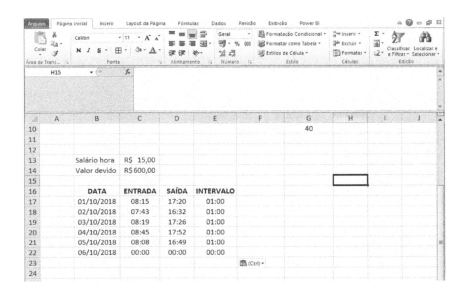

Para calcular o número de horas trabalhadas, digite na célula **F16** "HORAS TRAB" e na célula **F17** a seguinte fórmula:

=D17-C17-E17

Copie para as demais células e centralize-as.

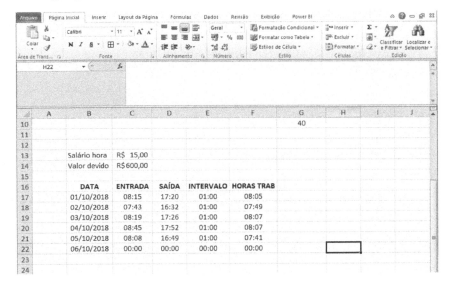

Uma diferença importante em relação ao exemplo anterior, é que além da coluna "HORAS REAIS" que será adicionada na célula **G16** precisaremos incluir a coluna "MINUTOS REAIS" na célula **H16**.

DATA	ENTRADA	SAÍDA	INTERVALO	HORAS TRAB	HORAS REAIS	MINUTOS REAIS
01/10/2018	08:15	17:20	01:00	08:05		
02/10/2018	07:43	16:32	01:00	07:49		
03/10/2018	08:19	17:26	01:00	08:07		
04/10/2018	08:45	17:52	01:00	08:07		
05/10/2018	08:08	16:49	01:00	07:41		
06/10/2018	00:00	00:00	00:00	00:00		

Salário hora R$ 15,00
Valor devido R$ 600,00

Isso porque quando convertemos para horas reais, demonstramos apenas as "horas cheias", ou seja, nas células que tiverem horas e minutos, precisaremos das 2 colunas.

Para calcular as "HORAS REAIS", basta marcar a célula **G17** e digitar a seguinte fórmula:

=HORA(F17)

Para calcular os "MINUTOS REAIS", basta marcar a célula **H17** e digitar a seguinte fórmula:

=MINUTO(F17)

Realize o "Auto soma" das "Horas Reais" e "Minutos Reais". Copie para as demais células e centralize-as.

	A	B	C	D	E	F	G	H	I
13		Salário hora	R$ 15,00						
14		Valor devido	R$ 600,00						
15									
16		DATA	ENTRADA	SAÍDA	INTERVALO	HORAS TRAB	HORAS REAIS	MINUTOS REAIS	
17		01/10/2018	08:15	17:20	01:00	08:05	8	5	
18		02/10/2018	07:43	16:32	01:00	07:49	7	49	
19		03/10/2018	08:19	17:26	01:00	08:07	8	7	
20		04/10/2018	08:45	17:52	01:00	08:07	8	7	
21		05/10/2018	08:08	16:49	01:00	07:41	7	41	
22		06/10/2018	00:00	00:00	00:00	00:00	0	0	
23							38	109	
24									
25									
26									
27									
28									
29									

Outra diferença para o exemplo anterior é que para achar o valor devido, além do salário hora que já foi descrito em R$ 15,00 será necessário encontrar o salário minuto.

Digite na célula **B25** "Salário hora" e na célula **C25** "R$ 15,00".

Digite na célula **B26** "Salário minuto" e na célula **C26** a seguinte fórmula:

$$=C25/60$$

Digite na célula **B27** "Valor devido" e na célula **C27** a seguinte fórmula:

$$=(C25*G23)+(C26*H23)$$

	A	B	C	D	E	F	G	H	I
13		Salário hora	R$ 15,00						
14		Valor devido	R$ 600,00						
15									
16		DATA	ENTRADA	SAÍDA	INTERVALO	HORAS TRAB	HORAS REAIS	MINUTOS REAIS	
17		01/10/2018	08:15	17:20	01:00	08:05	8	5	
18		02/10/2018	07:43	16:32	01:00	07:49	7	49	
19		03/10/2018	08:19	17:26	01:00	08:07	8	7	
20		04/10/2018	08:45	17:52	01:00	08:07	8	7	
21		05/10/2018	08:08	16:49	01:00	07:41	7	41	
22		06/10/2018	00:00	00:00	00:00	00:00	0	0	
23							38	109	
24									
25		Salário hora	R$ 15,00						
26		Salário minut	R$ 0,25						
27		Valor devido	R$ 597,25						
28									
29									

2.9. FUNÇÃO DATADIF

Tal função calcula o número de dias, meses ou anos entre duas datas.

Digite no conjunto de células entre **B3** e **E6**:

CONTRATO	VENCIMENTO	VALOR	PAGAMENTO
1	02/05/2017	R$ 2.500,00	15/10/2018
2	06/07/2018	R$ 4.000,00	30/10/2018
3	25/02/2018	R$ 5.000,00	10/11/2018

Além disso, digite na célula **B8** "MULTA" e **B9** "MORA".

Na célula **C8** digite 2% e na célula **C9** a seguinte fórmula:

=1%/30

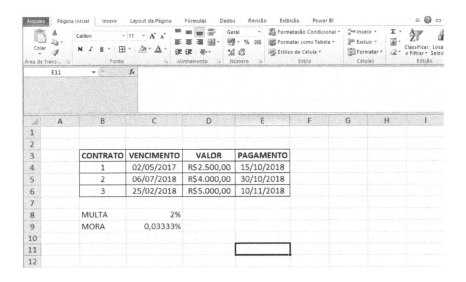

Sabe-se que para cálculo de dias corridos, uma opção é realizar a diferença entre a data maior e a data menor.

A outra é utilizando a função "Datadif". Nesse caso, digitaremos "DIAS CORRIDOS" na célula **F3**.

Na célula F4, digite a seguinte fórmula:

=DATADIF(C4;E4;"D")

A coluna "DIAS CORRIDOS" mostra os dias em atraso de cada contrato. Logo, o próximo passo será calcular a multa e os juros de mora.

Primeiramente, cumpre registrar que a multa de 2% sobre o valor devido é único, independentemente dos dias em atraso.

E os juros de mora são cobrados por dia de atraso. Tendo em vista que o limite de juros moratórios é de 1% a.m., foi necessário transformar o juro mensal em juro diário.

Nesse sentido, a célula **G3** levará o nome "MULTA" e a **H3** o nome "MORA".

Para cálculo da multa, será digitada a seguinte fórmula na célula **G4**:

=C$8*D4

Copie para as demais células e centralize-as.

Para cálculo da mora, será digitada a seguinte fórmula na célula **H4**:

$$=C\$9*D4*F4$$

Copie para as demais células e centralize-as.

	CONTRATO	VENCIMENTO	VALOR	PAGAMENTO	DIAS CORRIDOS	MULTA	MORA
	1	02/05/2017	R$2.500,00	15/10/2018	531	R$ 50,00	R$442,50
	2	06/07/2018	R$4.000,00	30/10/2018	116	R$ 80,00	R$154,67
	3	25/02/2018	R$5.000,00	10/11/2018	258	R$100,00	R$430,00
MULTA	2%						
MORA	0,03333%						

2.10. FUNÇÃO CONCATENAR

Essa função serve para agrupar várias cadeias de caracteres em uma única linha de texto.

Digite no conjunto de células entre **B3** e **C5**:

BANCO ITAU   POUPANÇA
BANCO ITAU   CORRENTE
BANCO ITAU   INVESTIMENTO

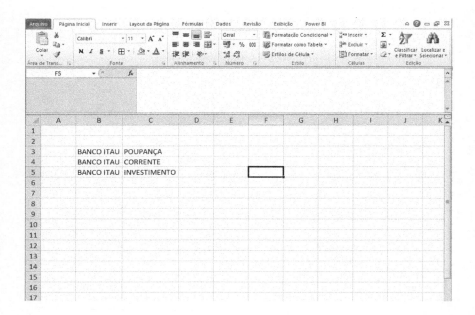

Para ativar a função "Concatenar", digite na célula **D3** a seguinte fórmula:

=B3&C3

Copie para as demais células.

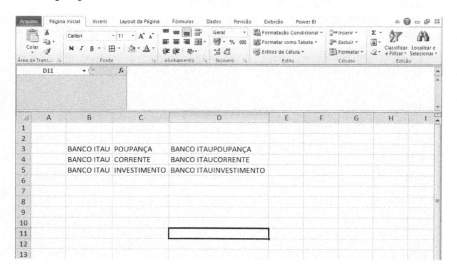

Caso eu queira dar um espaço entre "ITAU" e a próxima célula, primeiramente será necessário replicar o conjunto de células entre **B3** e **C5** para **B7**.

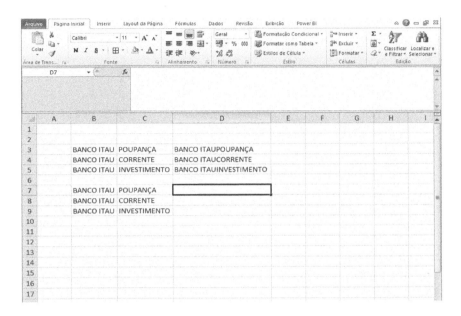

Posteriormente, será necessário digitar a seguinte fórmula na célula **D7**:

=B7&" "&C7

Ou seja, entre o final da célula **B7** e o início da célula **C7** foi criado um espaço.

Copie para as demais células.

Caso quisesse ainda, adicionar alguma palavra entre as células, podemos replicar novamente o conjunto de células entre **B3** e **C5** para **B11**.

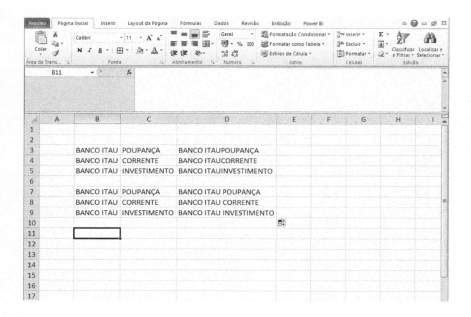

Vamos adicionar a palavra "CONTA" entre as células.

Dessa forma, será necessário digitar a seguinte fórmula na célula **D11**:

=B11&" CONTA "&C11

Ou seja, entre o final da célula **B11** e o início da célula **C11** foi criada a palavra "CONTA" com espaço no início e no fim.

Copie para as demais células.

CAPÍTULO 2 – EXCEL PARA CONTADORES   87

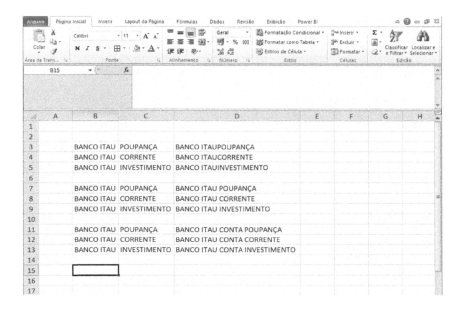

Para um segundo exemplo, utilizaremos a tabela com as informações da função DATADIF.

Selecione o conjunto de células entre **B3** e **E5**.

Copie para a planilha onde foi utilizada a função "Concatenar" a partir da célula **F3**:

Digite "ANO" na célula **J3**
Digite "MÊS" na célula **K3**
Digite "DIA" na célula **L3**
Digite "SITUAÇÃO" na célula **M3**

A partir de agora, utilizaremos novamente a "Função DATADIF", agora destacando separadamente ano, mês e dia em atraso.

E depois utilizaremos novamente a "Função Concatenar".

Na célula **J4** digite a fórmula **=DATADIF(G4;I4;"Y")** para encontrarmos apenas o número de anos inteiros em atraso.

Na célula **K4** digite a fórmula **=DATADIF(G4;I4;"YM")** para encontrarmos apenas o número de meses em atraso, já descontados os anos inteiros.

Na célula **L4** digite a fórmula **=DATADIF(G4;I4;"MD")** para encontrarmos apenas o número de dias em atraso, já descontados os meses inteiros.

Copie para as demais células e centralize-as.

Repare que os contratos que não venceram a mais de 1 ano, possui "0 ano".

Aqueles que já ultrapassaram 1 ano, mas não fizeram 2 anos, possui "1 ano".

E assim sucessivamente...

Para concatenar as 3 informações, a seguinte fórmula deverá ser digitada na célula **M4**:

> **=J4&" ano "&K4&" meses e "&L4&" dias"**

Copie para as demais células.

CONTRATO	VENCIMENTO	VALOR	PAGAMENTO	ANO	MÊS	DIA	SITUAÇÃO
1	02/05/2017	R$2.500,00	15/10/2018	1	5	13	1 ano 5 meses e 13 dias
2	06/07/2018	R$4.000,00	30/10/2018	0	3	24	0 ano 3 meses e 24 dias
3	25/02/2018	R$5.000,00	10/11/2018	0	8	16	0 ano 8 meses e 16 dias

Caso eu queira "retirar" o termo "0 ano" dos contratos que não venceram a 1 ano e deixar somente o restante, é possível fazer da seguinte forma:

A partir da célula **N4**, digite **=M4** e copie para as demais células.

PAGAMENTO	ANO	MÊS	DIA	SITUAÇÃO	
15/10/2018	1	5	13	1 ano 5 meses e 13 dias	1 ano 5 meses e 13 dias
30/10/2018	0	3	24	0 ano 3 meses e 24 dias	0 ano 3 meses e 24 dias
10/11/2018	0	8	16	0 ano 8 meses e 16 dias	0 ano 8 meses e 16 dias

Selecione esse novo conjunto de células e dê um **CTRL + C** de células entre **M4** e **M6** para **N4**.

Com o botão direito, você terá várias opções de colagem e escolha a opção Valores (V).

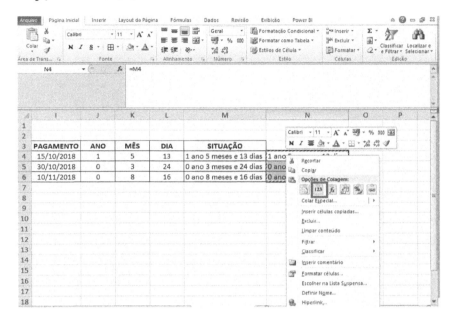

A fórmula desse conjunto de células não existirá mais.
Depois, clique em **CTRL + L** (Localizar e Substituir)
Digitar em Localizar: 0 ano
Substituir por: vazio
E clicar em substituir tudo:

EXCEL PARA CONTADORES, PERITOS E PROFISSIONAIS DE FINANÇAS

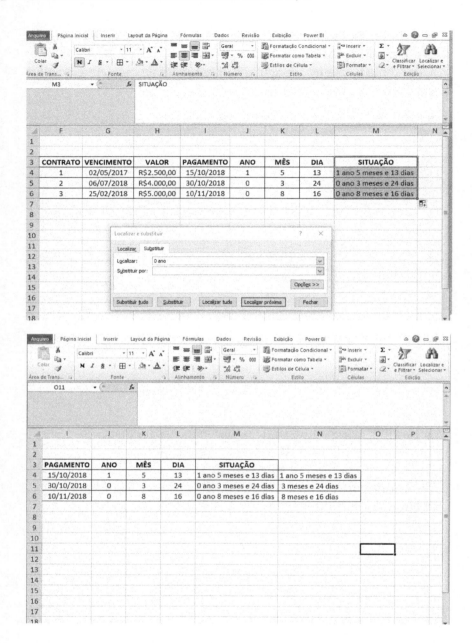

2.11. IMPORTAÇÃO DE DADOS

Além da inserção manual de dados em uma planilha, o Excel permite que sejam importados dados de fontes externas como arquivos de texto, arquivos XML, arquivos de PDF, dentre outros.

Em nosso exemplo, vamos utilizar um arquivo no formato "txt".

Primeiramente, abriremos o arquivo no formato original para ter uma ideia do conteúdo:

```
Base de dados - Bloco de Notas                               —    □    ×
Arquivo  Editar  Formatar  Exibir  Ajuda
Colaborador         Matrícula       Setor     Salário
Inês Annes          44528-9  Vendas    4428,666667
Fernando Grützmacher         97134-5  Vendas    4967
Guilherme Ferronato          74072-7  Operacional       3140,666667
Marli Bohrer        42127-6  Operacional       1299
Ana Kringes         87379-7  Operacional       4839,333333
Manoel Kindges      90603-2  Vendas    3035
Rafael Binotto      48646-1  Vendas    3174
Luiz Antônio Ciulla          68787-5  Operacional       4351,666667
Pedro Jager         66446-6  Administrativo    3703,333333
Marlene Mahoski     97004-9  Vendas    2643,666667
Mara Ost            23526-9  Administrativo    4918
Márcio Körbes       63891-7  Vendas    3337
Márcia Bastian      59346-2  Administrativo    3264
Marlene Kober       49755-8  Operacional       1520,666667
José Antônio Drump           25011-8  Vendas    3507,333333
Rafael Fink         78585-3  Vendas    3737,333333
```

No Excel, vá à aba "Dados" e na seção "Obter Dados", clique em "De Arquivo" e selecione "De Texto/CSV".

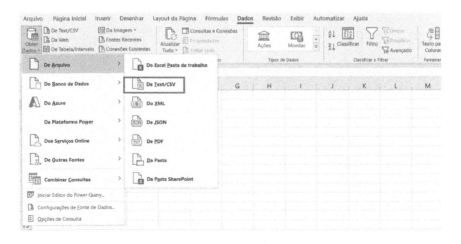

Pesquisa pelo arquivo na pasta salva (em nosso caso na área de trabalho) e selecione o arquivo "Base de dados" e clicar em "Importar".

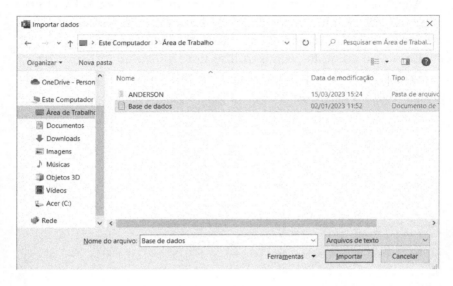

Uma nova janela se abrirá, como demonstrado abaixo:

Ao clicar em carregar, a tabela será importada para o Excel:

Esse é apenas um exemplo de importação de dados. Como dissemos anteriormente, o Excel permite a importação de diversos arquivos, mas a mecânica será a mesma.

2.12. ATINGIR META

A ferramenta Atingir Meta é utilizada para facilitar alguns cálculos em que o usuário precise testar diversos valores.

O objetivo é encontrar o valor desejado, sem que tenha que efetuar esses diversos testes manualmente.

Ou seja, tal funcionalidade vai fazer testes em problemas que se tenha apenas uma variável, ou seja, apenas um valor que, ao ser modificado, altera o valor final.

Com essa função de Atingir Meta é possível que o Excel faça diversos testes com essa única variável definida pelo usuário.

Vamos dar um exemplo da utilização do recurso, mas no curso que oferecemos em conjunto com o livro mostramos outras formas de utilização.

Imagine que uma determinada empresa tenha vendido em um mês específico 800 unidades de um produto a R$ 19,90. Logo, sua receita será de R$ 15.920,00.

Para chegar a este resultado, basta multiplicar 800 (C2) por R$ 19,90 (C3).

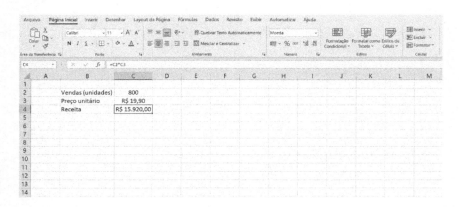

Considerando que o custo unitário desse produto foi de R$ 10,50 e a empresa vendeu 800 unidades, seu custo total foi de R$ 8.400,00.

Para chegar a este resultado, basta multiplicar 800 (C2) por R$ 10,50 (F2).

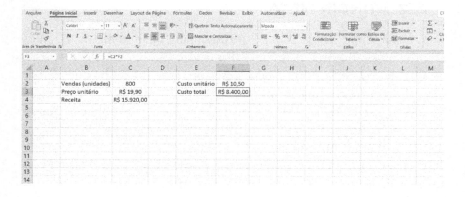

Logo, para calcular o lucro, basta subtrair a receita (C4) pelo custo total (F3) e neste momento a empresa apresenta o resultado de R$ 7.520,00 (F4).

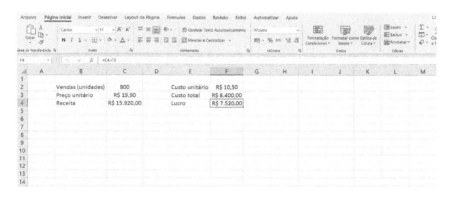

Vamos imaginar que a empresa deseja ter um lucro de R$ 11.280,00. Dessa forma, quantas unidades precisará vender para faturar esse valor?

Para que a empresa não precise fazer vários cálculos, várias tentativas, até chegar neste valor, utiliza-se o **atingir meta** no Excel para que este cálculo se torne muito mais fácil. O procedimento correto será o seguinte:

Como a empresa deseja verificar seu lucro, deve-se clicar na célula referente ao lucro (F4).

Vá na "Guia Dados" e no menu "Teste de Hipótese" selecione a opção "Atingir Meta".

Na janela que se abre, teremos os seguintes argumentos:

Definir célula: célula que você deseja obter resultado.

Para valor: Valor que você deseja atingir.

Alternando célula: Célula que será alterada, que deverá aumentar ou diminuir para você alcançar sua meta.

Dessa forma, vamos inserir as seguintes informações:

Em "Definir Célula" clique na célula do lucro (F4), em "Para Valor" digite 11.280 e em "Alternando Célula" clique na célula de vendas (unidades) (C2).

Clique em OK e o resultado aparecerá.

Se a empresa vender 1.200 unidades, obterá o valor de R$ 11.280,00.

CAPÍTULO 3
EXCEL PARA PERITOS

3.1. CAPITALIZAÇÃO SIMPLES E COMPOSTA

Na matemática financeira, juro é a expressão utilizada para remunerar o detentor de capital pelo uso do seu dinheiro por parte do tomador de recurso durante determinado período.

Dessa forma, os juros podem ser capitalizados de forma simples e composta.

Na **capitalização simples**, os juros incidem sobre o mesmo capital, o qual também é conhecido como valor presente.

É uma função linear, sendo representado pela expressão matemática:

$$J = VP \times i \times n$$

E o montante, também conhecido como valor futuro, sendo representado por:

$$VF = VP \times (1 + i \times n) \text{ ou } VF = VP + J$$

Um exemplo no Excel de capitalização simples:

Já na **capitalização composta**, os juros do período seguinte incidem sobre o capital acumulado com os juros do período anterior, ocasionando o chamado "juro sobre juros".

É uma função exponencial, sendo representado pela expressão matemática:

$$J = VP \times \{[(1 + i)^n] - 1\}$$

E o montante, também conhecido como valor futuro, sendo representado por:

$$VF = VP \times (1 + i)^n$$

Um exemplo no Excel de capitalização composta:

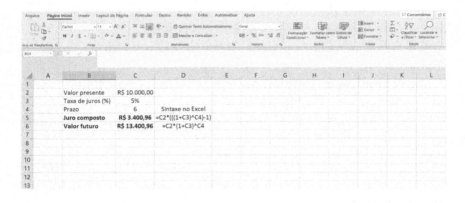

3.2. JUROS REMUNERATÓRIOS

Os juros remuneratórios também conhecidos como "juros contratuais" incidem sobre o valor contratado na operação financeira.

Normalmente utiliza-se a capitalização composta, mas em algumas situações específicas pode ser utilizada a capitalização simples (cheque especial no primeiro mês, por exemplo).

Os juros podem ser cobrados *"pro-rata"* ou em meses cheios de 30 dias com base em % utilizado no mercado para determinada operação.

Um exemplo no Excel de cobrança de juros remuneratórios:

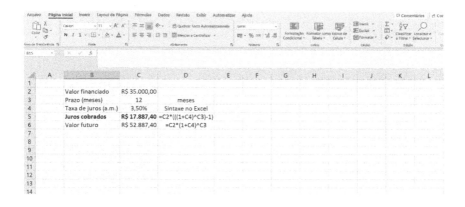

Ou seja, na operação acima houve um financiamento de R$ 35.000,00 para ser pago em parcela única 12 meses após a data da operação com uma taxa de juros de 3,5% a.m.

Nesse sentido, caso fosse realizado um pagamento único ao final de 12 meses haveria uma cobrança de juros de **R$ 17.887,40** e um montante a ser pago de **R$ 52.887,40**.

3.3. JUROS MORATÓRIOS

Os juros moratórios também conhecidos como "juros de mora" incidem sobre o valor devido e não pago.

São aqueles decorrentes do atraso culposo do devedor do cumprimento da obrigação, ou seja, **pelo não pagamento da dívida na data de vencimento estipulada.**

Para a cobrança de juros moratórios utiliza-se a **capitalização simples.**

Os juros podem ser cobrados *"pro-rata"* ou em meses cheios de 30 dias normalmente com base em 1% a.m.

Um exemplo no Excel de cobrança de juros moratórios:

Ou seja, se a cobrança dos juros moratórios fosse com base nos dias corridos (292 dias) teríamos um montante de **R$ 3.404,67**, no entanto, caso a cobrança fosse realizada com base nos meses cheios (9 meses) teríamos um montante de **R$ 3.150,00**.

3.4. MULTA CONTRATUAL

A **multa contratual**, também conhecida como "multa de mora" é toda quantia que o credor entende ser seu direito, por força contratual, quando o devedor, em face de sua inadimplência, dá causa à quebra do contrato.

O Código de Defesa do Consumidor estabelece que as multas por atraso no pagamento de prestações referentes a relações de consumo **não podem superar a 2% do valor da prestação mensal**.

A multa incide sobre o valor do principal devido e sua base de cálculo não inclui os juros moratórios.

Um exemplo no Excel de cobrança de juros multa contratual:

Ou seja, a cobrança da multa é fixa em 2% sobre o valor do principal devido, independentemente da quantidade de dias em mora.

3.5. SISTEMA FRANCÊS DE AMORTIZAÇÃO

O sistema francês de amortização trabalha com o conceito de parcelas iguais, juros decrescentes e amortizações crescentes. A partir dessa função, vamos elaborar uma planilha de amortização de um financiamento com parcelas mensais iguais (também conhecida como Tabela Price).

Digite na célula **B3** "FINANCIAMENTO" e na célula **C3** "R$ 20.000,00"

Digite na célula **B4** "PRESTAÇÕES" e na célula **C4** "24"

Digite na célula **B5** "TAXA DE JUROS" e na célula **C5** "3%"

Digite na célula **B6** "VALOR DA PARCELA" e na célula **C6** a seguinte fórmula:

=PGTO(C5;C4;C3)

Deverá aparecer o valor da parcela de -R$ 1.180,95.

É normal o número aparecer negativo e na cor vermelha, pois essa função entende que são desembolsos e normalmente o Excel demonstra os valores negativos na cor vermelha.

Dando continuidade:

Digite na célula **B9** "MÊS"

Digite na célula **C9** "SALDO DEVEDOR"

Digite na célula **D9** "AMORTIZAÇÃO"

Digite na célula **E9** "PARCELA"

Digite na célula **F9** "JUROS"

Coloque-os em negrito e centralize:

	A	B	C	D	E	F	G	H	I
1									
2									
3		FINANCIAMENTO	R$ 20.000,00						
4		PRESTAÇÕES	24						
5		TAXA DE JUROS	3%						
6		VALOR PARCELA	-R$1.180,95						
7									
8									
9		MÊS	SALDO DEVEDOR	AMORTIZAÇÃO	PARCELA	JUROS			
10									
11									
12									

Na célula **B10** digite o número "0"

Na célula **B11** digite o número "1"

Selecione as 2 células e utilize o recurso "Auto Completar" até chegar ao 24º mês.

Centralize-as.

CAPÍTULO 3 – EXCEL PARA PERITOS

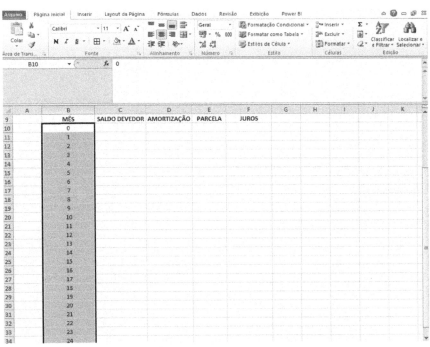

Na célula **C10** digite =**C3** (selecionando o valor de R$ 20.000,00)

Na célula **E11** digite =**-C$6** (selecionando e bloqueando o valor de R$ 1.180,95)

Copie até a célula **E34**

	A	B	C	D	E	F	G	H	I	J	K
9		MÊS	SALDO DEVEDOR	AMORTIZAÇÃO	PARCELA	JUROS					
10		0	R$ 20.000,00								
11		1			R$1.180,95						
12		2			R$1.180,95						
13		3			R$1.180,95						
14		4			R$1.180,95						
15		5			R$1.180,95						
16		6			R$1.180,95						
17		7			R$1.180,95						
18		8			R$1.180,95						
19		9			R$1.180,95						
20		10			R$1.180,95						
21		11			R$1.180,95						
22		12			R$1.180,95						
23		13			R$1.180,95						
24		14			R$1.180,95						
25		15			R$1.180,95						
26		16			R$1.180,95						
27		17			R$1.180,95						
28		18			R$1.180,95						
29		19			R$1.180,95						
30		20			R$1.180,95						
31		21			R$1.180,95						
32		22			R$1.180,95						
33		23			R$1.180,95						
34		24			R$1.180,95						

Na célula **F11** digite =**C$5*C10** (bloqueando o percentual de 3% e multiplicando pelo saldo devedor do mês anterior)

Na célula **D11** digite =**E11-F11** (a amortização será a diferença entre a parcela e os juros)

E na célula C11 digite **=C10-D11** (novo saldo devedor será a diferença entre o saldo devedor do mês anterior e a amortização do mês).

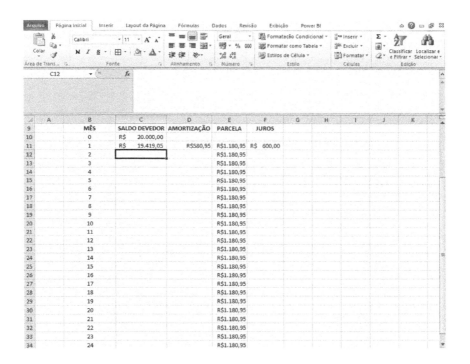

Agora basta arrastar todas as fórmulas até o final:

MÊS	SALDO DEVEDOR	AMORTIZAÇÃO	PARCELA	JUROS
0	R$ 20.000,00			
1	R$ 19.419,05	R$580,95	R$1.180,95	R$ 600,00
2	R$ 18.820,67	R$598,38	R$1.180,95	R$ 582,57
3	R$ 18.204,35	R$616,33	R$1.180,95	R$ 564,62
4	R$ 17.569,53	R$634,82	R$1.180,95	R$ 546,13
5	R$ 16.915,67	R$653,86	R$1.180,95	R$ 527,09
6	R$ 16.242,19	R$673,48	R$1.180,95	R$ 507,47
7	R$ 15.548,51	R$693,68	R$1.180,95	R$ 487,27
8	R$ 14.834,01	R$714,49	R$1.180,95	R$ 466,46
9	R$ 14.098,08	R$735,93	R$1.180,95	R$ 445,02
10	R$ 13.340,08	R$758,01	R$1.180,95	R$ 422,94
11	R$ 12.559,33	R$780,75	R$1.180,95	R$ 400,20
12	R$ 11.755,16	R$804,17	R$1.180,95	R$ 376,78
13	R$ 10.926,87	R$828,29	R$1.180,95	R$ 352,65
14	R$ 10.073,73	R$853,14	R$1.180,95	R$ 327,81
15	R$ 9.194,99	R$878,74	R$1.180,95	R$ 302,21
16	R$ 8.289,89	R$905,10	R$1.180,95	R$ 275,85
17	R$ 7.357,64	R$932,25	R$1.180,95	R$ 248,70
18	R$ 6.397,42	R$960,22	R$1.180,95	R$ 220,73
19	R$ 5.408,40	R$989,03	R$1.180,95	R$ 191,92
20	R$ 4.389,70	R$1.018,70	R$1.180,95	R$ 162,25
21	R$ 3.340,44	R$1.049,26	R$1.180,95	R$ 131,69
22	R$ 2.259,71	R$1.080,74	R$1.180,95	R$ 100,21
23	R$ 1.146,55	R$1.113,16	R$1.180,95	R$ 67,79
24	R$ 0,00	R$1.146,55	R$1.180,95	R$ 34,40

Para finalizar, realizar a "Auto Soma" e colocar uma borda:

MÊS	SALDO DEVEDOR	AMORTIZAÇÃO	PARCELA	JUROS
0	R$ 20.000,00			
1	R$ 19.419,05	R$580,95	R$1.180,95	R$ 600,00
2	R$ 18.820,67	R$598,38	R$1.180,95	R$ 582,57
3	R$ 18.204,35	R$615,33	R$1.180,95	R$ 564,62
4	R$ 17.569,53	R$634,82	R$1.180,95	R$ 546,13
5	R$ 16.915,67	R$653,86	R$1.180,95	R$ 527,09
6	R$ 16.242,19	R$673,48	R$1.180,95	R$ 507,47
7	R$ 15.548,51	R$693,68	R$1.180,95	R$ 487,27
8	R$ 14.834,01	R$714,49	R$1.180,95	R$ 466,46
9	R$ 14.098,08	R$735,93	R$1.180,95	R$ 445,02
10	R$ 13.340,08	R$758,01	R$1.180,95	R$ 422,94
11	R$ 12.559,33	R$780,75	R$1.180,95	R$ 400,20
12	R$ 11.755,16	R$804,17	R$1.180,95	R$ 376,78
13	R$ 10.926,87	R$828,29	R$1.180,95	R$ 352,65
14	R$ 10.073,73	R$853,14	R$1.180,95	R$ 327,81
15	R$ 9.194,99	R$878,74	R$1.180,95	R$ 302,21
16	R$ 8.289,89	R$905,10	R$1.180,95	R$ 275,85
17	R$ 7.357,64	R$932,25	R$1.180,95	R$ 248,70
18	R$ 6.397,42	R$960,22	R$1.180,95	R$ 220,73
19	R$ 5.408,40	R$989,03	R$1.180,95	R$ 191,92
20	R$ 4.389,70	R$1.018,70	R$1.180,95	R$ 162,25
21	R$ 3.340,44	R$1.049,26	R$1.180,95	R$ 131,69
22	R$ 2.259,71	R$1.080,74	R$1.180,95	R$ 100,21
23	R$ 1.146,55	R$1.113,16	R$1.180,95	R$ 67,79
24	R$ 0,00	R$1.146,55	R$1.180,95	R$ 34,40
		R$20.000,00	R$28.342,76	R$8.342,76

3.6. JUROS DE ACERTO E CARÊNCIA

Embora tenham significados diferentes, a lógica matemática desses 02 (dois) elementos é a mesma.

Juros de acerto é o juro cobrado para acertar (ajustar) a data da transação com a data do efetivo pagamento.

Enquanto a **carência** é a postergação do pagamento, ou seja, um prazo maior que se oferece em algumas transações financeiras para iniciar o desembolso.

Na prática, o que acontece é que o pagamento não é feito exatamente 1 mês após a data da transação e torna-se necessário calcular o juro por esse período não pago.

Por exemplo, imagine uma operação financeira com as informações abaixo:

Financiamento	R$ 30.000,00
Taxa (a.m.)	5%
Prazo (meses)	12
Data da transação	22/12/2022
Pagamentos	Todo dia 5
Parcela 1	05/02/2023

Essa operação significa que os pagamentos ocorrerão todo dia 5 de cada mês, no entanto, a transação foi realizada no dia 22/12/2022, logo não teríamos tempo de computar os juros mensais para uma parcela hipotética com vencimento em 05/01/2023.

Logo, o que normalmente se faz é calcular o juro de acerto devido entre 22/12/2022 e 05/01/2023 e realizar a cobrança durante esse período o qual não será realizado nenhum pagamento. Dessa forma, teríamos os juros de acerto entre 22/12/2022 e 05/01/2023, bem como os juros contratuais mensais a partir de 05/02/2023.

Um exemplo no Excel de cobrança de juros multa contratual:

Repare que a data-base para a cobrança de juros contratuais mensais passou a ser o dia 05/01/2023, com primeiro pagamento em 05/02/2023 tendo em vista que os pagamentos ocorrerão todo o dia 5 de cada mês.

E a cobrança dos juros de acerto abrange o período entre 22/12/2022 e 05/01/2023.

Dessa forma, as prestações serão calculadas com base no valor financiado de R$ 30.000,00, utilizando a função "PGTO" já demonstrada anteriormente.

Período	Saldo devedor	Prestação	Amortização	Juros contratuais	Juro de acerto	Total a pagar
	CÁLCULO REALIZADO PELO PERITO					
0	R$ 30.000,00					
1	R$ 28.115,24	R$ 3.384,76	R$ 1.884,76	R$ 1.500,00	R$ 690,90	R$ 4.075,66
2	R$ 26.136,24	R$ 3.384,76	R$ 1.979,00	R$ 1.405,76	R$ 0,00	R$ 3.384,76
3	R$ 24.058,29	R$ 3.384,76	R$ 2.077,95	R$ 1.306,81	R$ 0,00	R$ 3.384,76
4	R$ 21.876,44	R$ 3.384,76	R$ 2.181,85	R$ 1.202,91	R$ 0,00	R$ 3.384,76
5	R$ 19.585,50	R$ 3.384,76	R$ 2.290,94	R$ 1.093,82	R$ 0,00	R$ 3.384,76
6	R$ 17.180,01	R$ 3.384,76	R$ 2.405,49	R$ 979,27	R$ 0,00	R$ 3.384,76
7	R$ 14.654,25	R$ 3.384,76	R$ 2.525,76	R$ 859,00	R$ 0,00	R$ 3.384,76
8	R$ 12.002,20	R$ 3.384,76	R$ 2.652,05	R$ 732,71	R$ 0,00	R$ 3.384,76
9	R$ 9.217,55	R$ 3.384,76	R$ 2.784,65	R$ 600,11	R$ 0,00	R$ 3.384,76
10	R$ 6.293,66	R$ 3.384,76	R$ 2.923,88	R$ 460,88	R$ 0,00	R$ 3.384,76
11	R$ 3.223,58	R$ 3.384,76	R$ 3.070,08	R$ 314,68	R$ 0,00	R$ 3.384,76
12	R$ 0,00	R$ 3.384,76	R$ 3.223,58	R$ 161,18	R$ 0,00	R$ 3.384,76

3.7. TAXA NOMINAL E EFETIVA

É de suma importância também que o perito saiba claramente a diferença entre **taxa de juros nominal** e **taxa de juros efetiva**.

A **taxa nominal** é a taxa de juro **acordada em contrato** que se acrescentará às prestações de um empréstimo.

Esta taxa geralmente é expressa em períodos de **incorporação dos juros que não coincide com aquele que a taxa está se referindo.** A taxa nominal possui **capitalização simples.**

Ou seja, para ser nominal, a sua configuração anual deve corresponder a uma taxa mensal não capitalizada.

Já a **taxa efetiva** é aquela que corresponde à taxa nominal mensal, capitalizada mensalmente.

Por exemplo, uma taxa nominal de 12% ao ano com capitalização mensal gera uma taxa nominal de 1% ao mês.

Como a aplicação desse percentual é feita mês a mês, juro sobre juro, a taxa efetiva total, no final de um ano, não será mais os 12% contratados, e sim 12,68%, conforme cálculo abaixo:

Taxa de juros nominal ano: 12%
Taxa de juros nominal mês: 1% (12% / 12)
Taxa de juros efetiva ano: $(1,01)^{12} - 1 = 0,12682503$ (**12,68% a.a.**)

Para converter a taxa efetiva anual para taxa nominal mês basta realizar o processo de descapitalização da taxa:

Taxa de juros nominal mês: $(1,12682503)^{1/12} - 1 = 0,01$

Um exemplo no Excel de conversão da taxa nominal para taxa efetiva e vice-versa:

Imagine uma operação com taxa nominal de 1% ao mês, ou seja, taxa nominal anual de 12%.

No entanto, caso a capitalização ocorra mensal, bimestral ou trimestralmente, a taxa efetiva anual terá diferença:

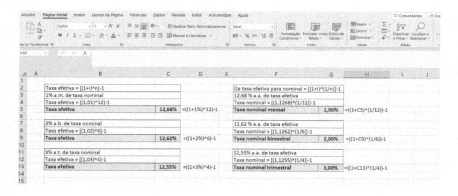

Repare que quanto menor o número de capitalizações **menor será a taxa efetiva anual.**

3.8. CUSTO EFETIVO TOTAL

O Custo Efetivo Total (CET) é uma taxa que corresponde a todos os encargos e despesas incidentes nas operações de crédito destinadas a pessoas físicas e jurídicas.

O CET deve ser expresso na forma de taxa percentual anual, englobando não apenas a taxa de juros, **mas também tarifas, tributos, seguros e outras despesas cobradas, representando as condições vigentes na data do cálculo.**

Em resumo, o CET é o custo efetivo a ser pago pelo tomador de cursos e que normalmente engloba a taxa efetiva + IOF + demais encargos.

Importante observar se a cobrança de juros será realizada com ano de 360 ou 365 dias.

Por exemplo, imagine uma operação financeira com as informações abaixo:

Principal	R$ 15.000,00
IOF + Seguro	R$ 1.129,31
Taxa de juros (a.m.)	2%
Prazo (meses)	24
Valor financiado	R$ 16.129,31

Considerando a cobrança de juros com ano de 360 dias temos:

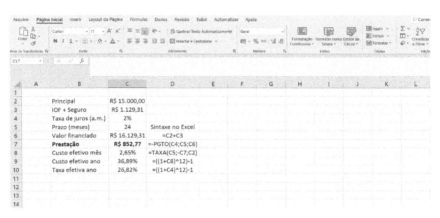

Repare que embora a operação tenha uma taxa de juros remuneratórios de 2% a.m., com a inclusão do IOF + Seguro, a parcela sofrerá um aumento, pois tais itens serão financiados.

Ou seja, o valor recebido é de R$ 15.000,00, mas o valor pago é sobre R$ 16.129,31 o que eleva o custo da operação para 2,65% a.m.

Já a taxa efetiva anual será de 26,82% e o CET anual será de 36,89%.

3.9. CORREÇÃO MONETÁRIA

Com o objetivo de reduzir ou neutralizar as distorções causadas pela inflação na economia, foi institucionalizada no Brasil, o princípio da **correção monetária**. Nesse contexto, os preços de bens e serviços, bem como de salários, poderiam ser reajustados com base na inflação ocorrida em período anterior, medida por uma entidade credenciada.

Os principais índices de correção monetária são:
- IGP-M (Utilizado para reajustar tarifas públicas, contratos de aluguel etc.)
- INPC (Utilizado normalmente para reajustar salários)
- IPCA (Índice oficial utilizado pelo governo)
- INCC (Utilizado para medir os custos dos insumos utilizados na construção)

Por exemplo, imagine uma operação financeira com as informações abaixo:

Data da operação	22/10/2021
Valor financiado	R$ 15.000,00
Taxa de juros (a.m.)	2,65%
Prazo (meses)	12
Correção mensal	IPCA
Primeira parcela	22/11/2021
Prestação-base	R$ 1.475,62

CAPÍTULO 3 – EXCEL PARA PERITOS

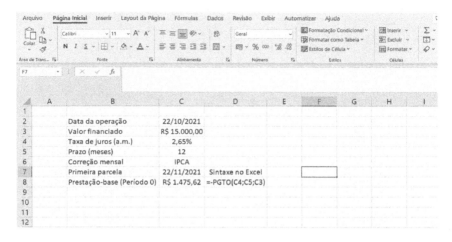

O referido contrato será corrigido pelo IPCA. Desta forma, será necessário utilizar os seguintes fatores correção:

IPCA (Fonte: IBGE)

Mês	% Correção	Fator de correção
out/21	1,25	1,0125
nov/21	0,95	1,0095
dez/21	0,73	1,0073
jan/22	0,54	1,0054
fev/22	1,01	1,0101
mar/22	1,62	1,0162
abr/22	1,06	1,0106
mai/22	0,47	1,0047
jun/22	0,67	1,0067
jul/22	-0,68	0,9932
ago/22	-0,36	0,9964
set/22	-0,29	0,9971

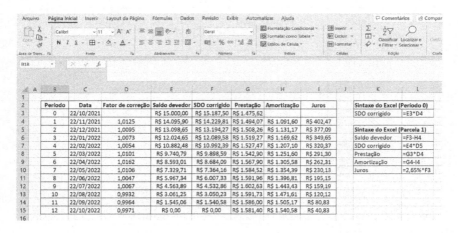

Na tabela abaixo foram aplicadas as seguintes fórmulas, as quais são evidenciadas para a parcela 1 (para as demais parcelas, basta arrastar para baixo).

CAPÍTULO 4

EXCEL PARA PROFISSIONAIS DE FINANÇAS

4.1. VALOR PRESENTE LÍQUIDO (VPL)

Para o início deste capítulo vamos apresentar a função "VPL" que consiste em uma ferramenta de análise de retorno sobre o investimento.

Nesse sentido, o VPL é encontrado a partir da subtração do valor presente dos fluxos de caixa futuros (a partir do período 1) e o investimento inicial realizado no período 0.

Digite o seguinte fluxo de caixa no intervalo entre as células **B2 e D11:**

Período	Fluxo de caixa	Valor Presente
0	-R$ 200.000,00	
1	R$ 90.000,00	
2	R$ 85.000,00	
3	R$ 72.000,00	
4	R$ 60.000,00	
5	R$ 53.000,00	
6	R$ 40.000,00	
7	R$ 30.000,00	
8	R$ 20.000,00	

Digite a "Taxa de desconto" na célula F2 e "12%" na célula G2

	Período	Fluxo de caixa	Valor Presente		Taxa de desconto	12%
	0	-R$ 200.000,00				
	1	R$ 90.000,00				
	2	R$ 85.000,00				
	3	R$ 72.000,00				
	4	R$ 60.000,00				
	5	R$ 53.000,00				
	6	R$ 40.000,00				
	7	R$ 30.000,00				
	8	R$ 20.000,00				

O VPL poderá ser encontrado de duas maneiras:
1) Trazendo os fluxos de caixa a valor presente a partir da fórmula matemática

$$VP = VF / (1 + i) \wedge n$$

No primeiro cálculo (D3) teríamos o seguinte:

$$=C3/(1+G\$2)\wedge B3$$

Encontrado o primeiro resultado, basta arrastar até a célula **D11.**

CAPÍTULO 4 – EXCEL PARA PROFISSIONAIS DE FINANÇAS   119

Período	Fluxo de caixa	Valor Presente		Taxa de desconto	12%
0	-R$ 200.000,00	-R$ 200.000,00			
1	R$ 90.000,00	R$ 80.357,14			
2	R$ 85.000,00	R$ 67.761,48			
3	R$ 72.000,00	R$ 51.248,18			
4	R$ 60.000,00	R$ 38.131,08			
5	R$ 53.000,00	R$ 30.073,62			
6	R$ 40.000,00	R$ 20.265,24			
7	R$ 30.000,00	R$ 13.570,48			
8	R$ 20.000,00	R$ 8.077,66			

Posteriormente somar todos os fluxos de caixa a valor presente com o valor do desembolso de R$ 200.000,00, digitar "VPL" na célula C13 e encontrar o resultado na célula D13 a partir da fórmula **=SOMA(D3:D12)**

Período	Fluxo de caixa	Valor Presente		Taxa de desconto	12%
0	-R$ 200.000,00	-R$ 200.000,00			
1	R$ 90.000,00	R$ 80.357,14			
2	R$ 85.000,00	R$ 67.761,48			
3	R$ 72.000,00	R$ 51.248,18			
4	R$ 60.000,00	R$ 38.131,08			
5	R$ 53.000,00	R$ 30.073,62			
6	R$ 40.000,00	R$ 20.265,24			
7	R$ 30.000,00	R$ 13.570,48			
8	R$ 20.000,00	R$ 8.077,66			
	VPL	R$ 109.484,89			

2) Utilizando a função "VPL" na célula D14 a partir da expressão:

$$\text{=VPL(G2;C4:C11)+C3}$$

Período	Fluxo de caixa	Valor Presente		Taxa de desconto	12%
0	-R$ 200.000,00	-R$ 200.000,00			
1	R$ 90.000,00	R$ 80.357,14			
2	R$ 85.000,00	R$ 67.761,48			
3	R$ 72.000,00	R$ 51.248,18			
4	R$ 60.000,00	R$ 38.131,08			
5	R$ 53.000,00	R$ 30.073,62			
6	R$ 40.000,00	R$ 20.265,24			
7	R$ 30.000,00	R$ 13.570,48			
8	R$ 20.000,00	R$ 8.077,66			
	VPL	R$ 109.484,89			
	VPL	R$ 109.484,89			

4.2. PAYBACK

Significa o tempo decorrido para o retorno de um investimento realizado.

O *payback* simples não considera o valor do dinheiro no tempo e o *payback* descontado considera os fluxos de caixa a valor presente.

Nesse sentido, utilizaremos o exemplo do VPL para dar prosseguimento ao assunto.

Ao lado da coluna "Valor Presente" será adicionada mais uma coluna com o nome "Saldo":

CAPÍTULO 4 – EXCEL PARA PROFISSIONAIS DE FINANÇAS   121

Período	Fluxo de caixa	Valor Presente	Saldo	Taxa de desconto	12%
0	-R$ 200.000,00	-R$ 200.000,00			
1	R$ 90.000,00	R$ 80.357,14			
2	R$ 85.000,00	R$ 67.761,48			
3	R$ 72.000,00	R$ 51.248,18			
4	R$ 60.000,00	R$ 38.131,08			
5	R$ 53.000,00	R$ 30.073,62			
6	R$ 40.000,00	R$ 20.265,24			
7	R$ 30.000,00	R$ 13.570,48			
8	R$ 20.000,00	R$ 8.077,66			
	VPL	R$ 109.484,89			
	VPL	R$ 109.484,89			

A coluna "Saldo" tem o objetivo de acompanhar a redução do saldo a ser recuperado após o investimento de R$ 200.000,00 a partir da entrada dos fluxos de caixa convertidas a valor presente.

Dessa forma, no período 0, o saldo a ser recuperado será exatamente "-R$ 200.000,00".

Período	Fluxo de caixa	Valor Presente	Saldo	Taxa de desconto	12%
0	-R$ 200.000,00	-R$ 200.000,00	-R$ 200.000,00		
1	R$ 90.000,00	R$ 80.357,14			
2	R$ 85.000,00	R$ 67.761,48			
3	R$ 72.000,00	R$ 51.248,18			
4	R$ 60.000,00	R$ 38.131,08			
5	R$ 53.000,00	R$ 30.073,62			
6	R$ 40.000,00	R$ 20.265,24			
7	R$ 30.000,00	R$ 13.570,48			
8	R$ 20.000,00	R$ 8.077,66			
	VPL	R$ 109.484,89			
	VPL	R$ 109.484,89			

EXCEL PARA CONTADORES, PERITOS E PROFISSIONAIS DE FINANÇAS

Para as próximas células (a partir da E4), basta somar o saldo anterior (célula E3) com o valor presente do fluxo de caixa seguinte.

	Período	Fluxo de caixa	Valor Presente	Saldo	Taxa de desconto	12%
	0	-R$ 200.000,00	-R$ 200.000,00	-R$ 200.000,00		
	1	R$ 90.000,00	R$ 80.357,14	-R$ 119.642,86		
	2	R$ 85.000,00	R$ 67.761,48			
	3	R$ 72.000,00	R$ 51.248,18			
	4	R$ 60.000,00	R$ 38.131,08			
	5	R$ 53.000,00	R$ 30.073,62			
	6	R$ 40.000,00	R$ 20.265,24			
	7	R$ 30.000,00	R$ 13.570,48			
	8	R$ 20.000,00	R$ 8.077,66			
		VPL	R$ 109.484,89			
		VPL	R$ 109.484,89			

Encontrado o resultado, vai arrastar para baixo e repetir a operação até a célula E11.

	Período	Fluxo de caixa	Valor Presente	Saldo	Taxa de desconto	12%
	0	-R$ 200.000,00	-R$ 200.000,00	-R$ 200.000,00		
	1	R$ 90.000,00	R$ 80.357,14	-R$ 119.642,86		
	2	R$ 85.000,00	R$ 67.761,48	-R$ 51.881,38		
	3	R$ 72.000,00	R$ 51.248,18	-R$ 633,20		
	4	R$ 60.000,00	R$ 38.131,08	R$ 37.497,88		
	5	R$ 53.000,00	R$ 30.073,62	R$ 67.571,51		
	6	R$ 40.000,00	R$ 20.265,24	R$ 87.836,75		
	7	R$ 30.000,00	R$ 13.570,48	R$ 101.407,23		
	8	R$ 20.000,00	R$ 8.077,66	R$ 109.484,89		
		VPL	R$ 109.484,89			
		VPL	R$ 109.484,89			

Repare que no final do ano 3 o saldo ainda é negativo em R$ 633,20 e no final do ano 4 é positivo em R$ 37.497,88.

Logo se conclui que o *payback* se dará entre o ano 3 e o ano 4.

Com base nisso, para encontrar o *payback*, deverá ser feito o seguinte:

Digitar *"Payback"* na célula C15

Na célula D15 digitar a seguinte fórmula:

=3-(E6/D7)

Ou seja, o *Payback* com 3 anos + a divisão do que faltava a recuperar no período 3 com o fluxo de caixa gerado no período 4.

Logo, o *Payback* se dará com 3,02 anos.

Período	Fluxo de caixa	Valor Presente	Saldo	Taxa de desconto	12%
0	-R$ 200.000,00	-R$ 200.000,00	-R$ 200.000,00		
1	R$ 90.000,00	R$ 80.357,14	-R$ 119.642,86		
2	R$ 85.000,00	R$ 67.761,48	-R$ 51.881,38		
3	R$ 72.000,00	R$ 51.248,18	-R$ 633,20		
4	R$ 60.000,00	R$ 38.131,08	R$ 37.497,88		
5	R$ 53.000,00	R$ 30.073,62	R$ 67.571,51		
6	R$ 40.000,00	R$ 20.265,24	R$ 87.836,75		
7	R$ 30.000,00	R$ 13.570,48	R$ 101.407,23		
8	R$ 20.000,00	R$ 8.077,66	R$ 109.484,89		
	VPL	R$ 109.484,89			
	VPL	R$ 109.484,89			
	Payback	3,02			

4.3. TAXA INTERNA DE RETORNO (TIR)

A taxa interna de retorno evidencia a rentabilidade do projeto ou do investimento, sendo a taxa que se aplicada ao fluxo de caixa, gera VPL igual a zero.

Em casos de investimentos iniciais com fluxos positivos posteriores, recomenda-se que a **TIR seja maior do que a taxa desconto.**

Manualmente é feita por tentativa e erro, por isso é recomendável a utilização do Excel a partir de uma fórmula bem simples.

Utilizaremos a mesma tabela do VPL e do *Payback* para dar prosseguimento ao assunto.

Abaixo da célula C15, digite TIR na célula C16.

Período	Fluxo de caixa	Valor Presente	Saldo	Taxa de desconto	12%
0	-R$ 200.000,00	-R$ 200.000,00	-R$ 200.000,00		
1	R$ 90.000,00	R$ 80.357,14	-R$ 119.642,86		
2	R$ 85.000,00	R$ 67.761,48	-R$ 51.881,38		
3	R$ 72.000,00	R$ 51.248,18	-R$ 633,20		
4	R$ 60.000,00	R$ 38.131,08	R$ 37.497,88		
5	R$ 53.000,00	R$ 30.073,62	R$ 67.571,51		
6	R$ 40.000,00	R$ 20.265,24	R$ 87.836,75		
7	R$ 30.000,00	R$ 13.570,48	R$ 101.407,23		
8	R$ 20.000,00	R$ 8.077,66	R$ 109.484,89		
	VPL	R$ 109.484,89			
	VPL	R$ 109.484,89			
	Payback	3,02			
	TIR				

Na célula D16 digite a seguinte fórmula:

=TIR(C3:C11)

O Excel retornará o percentual de 30,78%

CAPÍTULO 4 – EXCEL PARA PROFISSIONAIS DE FINANÇAS

Período	Fluxo de caixa	Valor Presente	Saldo	Taxa de desconto	12%
0	-R$ 200.000,00	-R$ 200.000,00	-R$ 200.000,00		
1	R$ 90.000,00	R$ 80.357,14	-R$ 119.642,86		
2	R$ 85.000,00	R$ 67.761,48	-R$ 51.881,38		
3	R$ 72.000,00	R$ 51.248,18	-R$ 633,20		
4	R$ 60.000,00	R$ 38.131,08	R$ 37.497,88		
5	R$ 53.000,00	R$ 30.073,62	R$ 67.571,51		
6	R$ 40.000,00	R$ 20.265,24	R$ 87.836,75		
7	R$ 30.000,00	R$ 13.570,48	R$ 101.407,23		
8	R$ 20.000,00	R$ 8.077,66	R$ 109.484,89		
	VPL	R$ 109.484,89			
	VPL	R$ 109.484,89			
	Payback	3,02			
	TIR	30,78%			

Ou seja, considerando as informações acima, o referido investimento que possui uma taxa de desconto de 12% gera um retorno sobre o investimento de 30,78%.

4.4. FORMAÇÃO DE PREÇOS

A formação de preços é uma das etapas mais importantes para a gestão financeira de qualquer negócio.

É fundamental que o preço praticado possa garantir o pagamento dos custos e das despesas, bem como a margem de lucro esperada.

Existem diversas metodologias para a formação de preços, mas sem dúvidas uma das mais utilizadas é a partir do *markup* que consiste no preço baseado nos custos envolvidos em cada produto e que este possa ser suficiente para cobrir todas as despesas e oferecer o lucro desejado.

Nesse método, será necessário identificar qual o percentual de despesas variáveis, de despesas fixas que deve ser atribuído a cada unidade a ser vendida. Por fim, será necessário definir a margem de lucro que você deseja alcançar com cada unidade a ser vendida.

Uma vez definido o *markup*, basta encontrar o custo e dividir pelo *markup* divisor.

O *markup* divisor utiliza a seguinte expressão matemática:

$$100\%-(\%DV+\%DF+\%ML)$$

Em que:
%DV: % das despesas variáveis sobre o preço
%DF: % das despesas fixas sobre o preço
%ML: % da margem de lucro sobre o preço
100%: representa o preço unitário

Exemplo:
Suponha que foram definidos os seguintes percentuais sobre um preço de venda que ainda não sabemos qual é:

	B	C
Tributos		25%
Comissão		3%
Cartão		5%
Despesas fixas		17%
Margem de lucro		25%
Total		75%

Ou seja, o preço de venda já está comprometido em 75%. Logo, o custo unitário representará 25% desse preço.

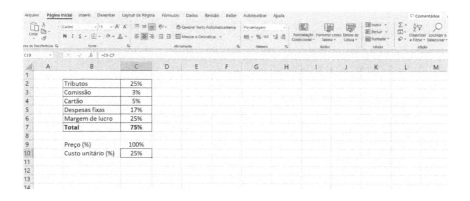

Sendo o custo unitário de R$ 36,00, para encontrar o preço basta dividir o custo pelo *markup* de 25%, logo teremos o preço de R$ 144,00.

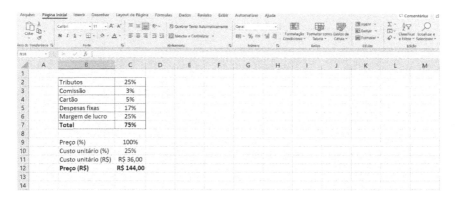

Para tirar a prova real, faça uma mini DRE com o preço encontrado, aplique os percentuais de despesas e custos e encontre o resultado. Este deverá ser equivalente à margem de lucro esperada.